いま中国人は中国をこう見る

中島恵

日経プレミアシリーズ

プロローグ　「中国共産党の式典？　あれは単なるお祭りです」

演出された熱狂にあった退屈

「正直いって退屈でした。早起きしたので眠たかった。内心では、早く終わらないかなあ、なんて不謹慎なことを考えていたのです」

2021年7月1日、中国・北京市。この日、天安門広場前では、午前8時から中国共産党創立100周年を記念する盛大な祝賀式典が行われていた。

集まったのは約7万人。その中に、たまたま私の友人の友人がいた。名前はもちろん、性別や年齢、所属も明かすことはできない。だが、その人の率直な感想を、友人を介して少しだけ聞くことができた。それが冒頭の発言だ。

その人によれば、当日集まっていたのは皆、中国共産党員などを中心に動員された人々だというのだが、どのような組織から、どのようにして集められたかについては、「わからない。自分の所属している組織についてはいえない」ということだった。間接的にしか話を聞けなかったので、深く突っ込めなかったし、それ以上は友人に迷惑を掛けるので、諦めるしかなかった。

群衆が一体化し、満面の笑みをたたえ、北朝鮮のマスゲームを彷彿させる熱狂に包まれた瞬間が何度かあった。広場を見下ろす壇上で、「建国の父」毛沢東を意識したかのようなグレーの人民服を着た習近平国家主席が演説を始め、数十分後、アメリカなどを念頭に「教師面をした（西側の）説教は絶対に受け入れない」と強い口調で牽制し、また「いかなる外部勢力の圧迫も断じて許さない」と発言した場面などだ。

これも、「演説の途中で皆が大歓声を上げたり、拍手をしたりしたら、一緒に歓声を上げ、拍手を送る。そのことだけは周囲に合わせるよう、常に気をつけていた」のだそうだ。

一段と大きな歓声が上がったのは、習氏が台湾問題に触れ、「（中台統一を）必ず実現しなければならない。必ず実現できる」と述べたときだった。そして、「偉大で栄光に満ちた英雄の中国人民、万歳！」と習氏がこぶしを振り上げると、群衆の興奮も最高潮に達した。

中国共産党創立100周年を祝う式典で演説する習近平国家主席
（新華社・共同通信イメージズ）

日本から式典の様子を生中継で見ていた私は、中国の人々すべてが共産党創立100周年を心から祝い、習氏を礼賛し、ナショナリズムの高揚が最高潮に達しているように感じたのだが、あれは彼らの「演技」だったのだろうか。

冒頭の言葉が本音ならば、動員された人々すべてが、習氏の演説に心酔していたわけでも、中国共産党に忠誠を誓っているわけでもない、ということになる。一人ひとりの心の中は覗けないが、中国全体が一体化して見えた中にも、少し冷めた気持ちで式典に参列していた人がいたのだ。ある男性はいう。

「外国を挑発しているかのような激しい演説は国内向けです。もちろん、習主席が一人で考えたのではなく、大勢の担当者が練りに練って、よく考えられた演説なのです」

式典に無関心な人、愛国アピールに励む人

在日中国人の友人に、祝賀式典についての感想を聞いてみた。

「あの日は仕事が忙しくて、朝は式典を見ませんでした。夜、友人のSNSを見たらたくさん書き込みがあったので、ちょっと見ただけ。正直、あまり関心がなくて……」

また、当日の午後、偶然に会った友人の中国人は、日本社会にどっぷり浸かって数十年も生活しているせいか、その日に中国で重要な式典が行われたことさえ知らなかった。

「今日そんなことがあったのですか。今朝、中国に住む母親と電話で話したばかりですが、何もいっていなかった。そんなに特別な日だとは知りませんでした」

一方で、在日中国人にも「愛国アピール」に必死だった人もいた。

ある知り合いは、テレビ中継の画面を撮影し、中国のSNS、ウィーチャット（微信《ウェイシン》）にさかんに投稿していた。

「たくさん写真を載せていましたね」というと、「もちろんですよ。今日は祖国の重要なイベントがある日ですから。それに、日本で私たちが何か活動をする際は、在日中国大使館の後援とかサポートが必要なんです。だから……」そういって苦笑した。

地下鉄の駅名も、合唱大会の曲目も政治に染まる

中国国内に住む人々はどうだったのか。

式典の数日前に、たまたま上海の友人と別件でやりとりすると、「式典のリハーサルの一部」といって、LEDを搭載した光輝くドローンの映像を送ってくれた。

そこには、音楽とともに上海・バンド地区の夜空に打ち上げられた「没有共産党《メイヨーゴンチャンダンジウ》就没有新中国《メイヨーシンチョングオ》」（共産党がなければ新中国はない）というフレーズと、中国共産党の徽章（鎌とハンマーからなる図案）がくっきりと浮かび上がっていた。

その壮大なスケールに私が驚いていると、友人は5月下旬に告知された上海市交通委員会の通知書と地下鉄駅の写真も送ってきた。

通知書には、上海の地下鉄1号線と14号線の「黄陂南路《ホワンピーナンルー》駅」が「一大会址《イーダーフイシ》・黄陂南路駅」

に、10号線、13号線の「新天地駅《シンティエンディ》」が「一大会址・新天地駅」に変更されると記載されていた。

一大会址とは中国共産党第1次全国代表大会会址の略。1921年7月、中国共産党の第1回の全国代表大会が開かれた場所で、現在は記念館となっている。社会科見学の学生や、地方からの観光客などがよく訪れる愛国基地（愛国について学ぶ博物館や記念館など）の1つで、上海市中心部の有名な観光地「新天地」に隣接している。

友人は、「わざわざ駅名を変えるようなことまでしなくても……。今年はとくに、左（日本でいう右傾化）への突き進み方が半端じゃないんですよ」と語り、そのあと「この気持ちをどうかお察しください」というような絵文字を重ねて送ってきた。

別の友人は、子どもたちへの合唱の指導で忙しい思いをした。

「式典の少し前に中国各地の学校で合唱大会が行われました。これも祝賀行事の1つとして全国規模で実施されたものです。

課題曲は『唱支山歌給党听《チャンジーシャンガーゲイダンティン》』（党のために山歌を歌おう、という革命歌）。記念式典の場でも歌われていました。もう1曲は自由曲。各校で選曲は異なりましたが、多くの学校は共産党に関係する政治的な曲を選びました。

この日のために練習を積み重ねてきたので、無事に終わってホッとしました。子どもたちが政治的な曲を歌うというのは、日本人には理解しづらいでしょうが、中国では当たり前です。だからといって子どもたちが皆、共産主義に染まっているわけではないですよ。もちろん指導している私たちも……」

海外からは見えにくい中国人の本音

7月1日、中国では終日式典のニュースが流されたが、友人のSNSでも早朝から関連ニュースのリンクを貼る人や、写真や動画を投稿する人がいて、盛り上がっている様子だった。

小さな中国国旗を持った子どもが、習主席が映るテレビを食い入るように見る後ろ姿を撮った写真をSNSに載せている人がいれば、テレビ画面を何枚も接写して「おめでとう！」「中国共産党万歳！」と書き込む人、テレビニュースの動画を投稿し「偉大なる祖国万歳！」と添えている人もいる。

投稿者本人には、その真意を聞きにくかったので、共通の友人である別の中国人に聞いた。

「あれは、単なるお祭りです。大きな儀式というか、記念日なので自分も便乗したい。クリスマスやお正月にみんなが『おめでとう』と次々に発信するのと同じような感覚です。もちろん心の底から『中国共産党万歳』と書く人もいますよ。とくに高齢の共産党員などはそうです。事実、ここまで経済発展できたのは、共産党のおかげなのは間違いないですから。皆、中国が大国になって素直にうれしく、誇らしいのです。私はそういうのは苦手ですが、習主席の言葉に感動して涙を流す人が相当いるのも事実です。

とくにコロナ（新型コロナウイルス感染症、以下、コロナ）の抑え込みにほぼ成功して以降、政府への信頼感が高まり、（共産党のシンボルカラーである）真っ赤に染まっちゃった友人が急激に増えたな、という印象はあります。

一方で、14億人すべてが一体化しているかというと、もちろんそうではありません。そんなこと、あるわけがない。

私のように少し冷めた目で見ている人や、そこまで政治に関心はなく、今の生活には十分満足しているから、別にこのままでもいいと思う人、経済発展の恩恵にあずかれなくて反感を抱いている人などいろいろいます。

式典や国旗の写真を載せていた人は、『自分もきちんと祝っている』『報道をしっかり見た』という証拠を提出し、ある意味で自己保身としての愛国アピールをしているのです。SNSのタイムラインだけでなく、子どもが通う学校の保護者グループ、大学の同窓会などのグループにも同じような投稿をして、しっかり愛国アピールをしている人もいました。

大半の人は政治について、何か深く考えているわけでも、しっかりした意見を持っているわけでもない。軽いご挨拶のような感じで投稿しているだけだと思います。

逆に、ふだんは身近なことを頻繁にSNSに投稿しているのに、あの日に限って、一切何も書かない人もいました。うがった見方をすれば、別の意味で無言のアピールをしている、とも解釈できる。

今の中国人の心情はとても複雑で、簡単に中国共産党支持だ、不支持だ、とはとてもいえません。まずは自分と家族の生活が大事。それさえ守れれば、あとはどうでもいいというのが本音でしょう。そのためにはどう動き、どう発言するのが賢いかを考えているだけです。

世の中の空気を読む必要がある、という意味では、1980年代の壁新聞の時代とあまり変わっていないのかもしれません。海外の中国報道や、中国人のSNSの投稿を表層的に見ているだけではわからないことが、この国にはたくさんあるのです」

この中国人は一気にこうまくし立てた。

「中国への厳しい目」を中国人はどう思っているのか

中国はとてつもなく強大な国家になった。2010年には日本を抜いてGDP（国内総生産）で世界第2位となり、2030年頃には米国を追い越すという予測もある。

習政権は中国共産党創立100周年の式典で、コロナの封じ込めや貧困の撲滅、小康社会（生活にややゆとりのある社会）の実現に努めてきたことをアピールした。最終目標は、中華人民共和国成立100年となる2049年までに、経済や科学技術を発展させ、軍事力も高めて、名実ともに米国と肩を並べ、「社会主義現代化強国」を実現して「中華民族の偉大なる復興」を成し遂げることだ。

しかし、自信を深め、強硬な戦狼《せんろう》外交を繰り広げる中国に対し、米国をはじめとした主要国が強い懸念を示す。2021年6月に開かれた主要7カ国首脳会議（G7サミット）では、新疆ウイグル自治区などの人権問題や台湾問題を取り上げて、中国を強く牽制した。2022年2月、北京で冬季五輪が開催されたが、人権問題を理由に米国などは政府使節団の派遣を見送る「外交ボイコット」を行うなど、中国包囲網は鮮明になっている。

一方、中国国内では、2022年秋の共産党大会で習政権が異例の3期目に突入することが有力視されている。「共同富裕」（ともに豊かになる）というスローガンを掲げた政権は、ますます求心力を高めているように見える。

事実、若者世代を中心に、中国への圧力を強める米国に対する反感が高まっている。若者に限らず、SNSなどを見る限り、主要国を蔑《さげす》み、侮《あなど》る中国人もいるが、冒頭でも紹介した通り、一皮むけば、国民の思いはさまざまで、冷めた目で自国を見つめる人もいる。

また、本書で詳しく述べていくが、大括りでは「政権支持派」に属する人、「政権不支持派」に属する人の中にも多様な意見がある。

世界のリスクファクターと見られ、西側の人々から「人権侵害国家」「拡張主義に走る危険な国家」と思われていることについて、当の中国人自身はどう思っているのか。

一党独裁で「自由がない」とされる国に住む中国人は、本音を語ることができるのか。コロナ禍を経て、母国や世界に対する見方は変化したのか。

本書はそのような疑問から出発し、中国国内と日本、アメリカ在住の中国人にインタビューして書いた本である。

本書を読んでいただく際の注意書き

本書を執筆するにあたって、率直な考えを述べてもらうだけでも身の危険につながる可能性もあるため、ごく一部の専門家を除き、取材相手の名前は伏せることにした。これまで私が書いてきた本とは異なり、取材相手の簡単な経歴や私との関係など、個人の特定につながるバックグラウンドの説明もすべて割愛した。

それらを伏せると約束したことで安心し、じっくりと思いを語ってくれた人、警戒しながらも、言葉を選びながら慎重に話してくれた人がいた。これまでと異なり、取材を断る人もいたが、いったん断ったあと「少し雑談しませんか」と後で探りを入れてきた人もいた。

本書は中国人による中国論、中国観の本であるが、取材者が日本人（私）であるため、日本についての話もした。米国と中国のはざまに立ち揺れ動く日本の動向や、中国より成熟していると彼らが考える日本での社会生活について、彼らは大いに関心を持っている。

彼らの口から、今の中国や日本について、どんな言葉が語られるのか。中国や日本のマスメディアでは語られる機会がほとんどない一人ひとりの生の声、考え方を、できるだけ一般論を排して、そのまま書くように心がけた。

表向きは一党独裁の国家だが、その裏には実に多様な意見を持つ人間がいることを、少しでも実感していただけたらと思う。

本書で紹介した内容は、広大な浜辺で砂を拾うようなささやかなものであるが、複雑で異形の大国・中国を理解する材料の1つとなれば幸いである。

- 写真は明記したものを除き筆者撮影。
- 中国の固有名詞の一部にはルビを振った。
- 為替相場は1元＝17・8円（2021年12月時点）に統一した。

目次

第2章 激変する社会と常識、住み心地は？

SNSで政治の話は、どこまで可能なのか
会食の写真に写るワインが招く不安
ネットの政治談議も不自由に
「今の生活は、政治の力、リーダーの力によるもの」
海外からの厳しい視線と中国人の意識
高速鉄道で広がる「静音車両」とは何か
マナー意識が高い乗客と逆切れする乗客
「ケンカ」がニュースになるほど、社会は成熟しつつある
マナーや人あたりが向上して、かえって目立つこと
都市部住民と地方出身者の大きな違い
地域間の格差は急速に埋まりつつある
コロナによって自分の国を見直した
酒より食事で稼がなければいけない店の事情

第5章 Z世代が日本語を学ぶ理由

世界で最もアメリカ留学したいのが中国人
タンピン（寝そべり）主義に広がる共感
不条理な競争社会、世捨て人になりたい……
躍進する中国でも、恩恵に与れる人は少ない
中国製はカッコいい、いちばんおしゃれ
日本製は選択肢の1つでしかない

第6章 情報統制・中国リスクに何を思う

「海外のニュースで世界情勢は知っています」
当局は、どこまで会話を監視しているのか
結局、知りたいこと以外は不要な情報
中国のメディア事情と、そこで報じられること
「武漢の美談」に納得できない思い

第1章

5日の旅行に2週間分の衣服？

超厳格なコロナ対策

完全封鎖とPCRの徹底が基本

「2019年末に武漢で最初の感染が確認されてから1年半以上、夏休みもずっと毎朝スマホに職場からチェックが入ります。すぐに健康コードを提示して『問題なし』と報告しなければいけません。

最初はスタッフとのやり取りでしたが、今はシステム化していて、何時間も返信しなかったら、まず直属の上司に連絡が入り、そのあと上層部にも伝わって大変なことになります。大きな声ではいえませんが、ずっと見張られているようで、うんざりです」

中国の大学に勤務する知人は、堰《せき》を切ったように語り始めた。

「健康コード」とは2020年2月に中国で使用が開始されたアプリだ。緑色なら問題なし、黄色なら7日間の自宅待機、赤色なら2週間の隔離。アプリ内にはワクチン接種の有無、14日以内の行動履歴、PCR検査の結果などが記録されている。

オフィスビルや役所、商業施設、公共交通機関などを利用する際には提示が必要だが、この知人のように、自宅にいるときにも、毎日健康チェックを求められる場合がある。

「とくに厳しいのが公務員や教員、国有企業の社員です。日々のチェックはもちろん、省を越える外出は理由や行き先が厳格に管理され、事務担当者もいい顔はしません。学内のある課では、省外に出入りした人を専従で管理するスタッフもいるほどです。そんな状況ですから、海外なんてもってのほか。事務担当者にパスポートを取り上げられている教授もいます」

この知人は身内がいるため、夏休みは日本に行きたかったが断念した。

この話を聞いた3か月後の2021年12月末、内陸部の陝西《せんせい》省西安市で1000人以上がデルタ株に感染し、2020年1月の武漢市以来、初の大規模なロックダウンに踏み切った。

西安市から首都・北京市までは1000キロ近くも離れているが、冬季五輪を控えていた北京市は厳重警戒となり、政府は「不要不急の海外渡航も控えるよう」国民に求めた。

知人は「私の省からも北京行きは難しくなりました。冬季五輪が終わるまではすべて我慢。日本どころか、当分の間、北京にも行けません」と話す。

中国のゼロコロナ政策が非常に厳しいことは、日本でもよく知られている。一人でも感染

北京市内でPCR検査の列に並ぶ人々　(2021年10月、共同提供)

者が出れば、そのたびに大騒ぎとなる。
　2021年7月、南京の空港で9人がデルタ株に感染したことが判明した際は、全市民900万人がPCR検査を受けた。感染者が見つかると、たちまちその地区は完全に封鎖され、住民全員のPCR検査を実施する――。これが中国のゼロコロナ政策の基本方針だ。
　人間だけではない。同年11月11日の「独身の日」のセールで取り扱った宅配物は、すべての商品が徹底的に消毒されてから配送された。感染者が飼っていた犬や猫なども、飼い主の意思にかかわらず強制的に殺処分された。
　感染者の発覚から封鎖決定までの時間があまりにも短いため、その時間帯にマンションの敷地内にたまたまいたデリバリーの配達員や通いの家政婦まで、そのまま2週間留め置かれてしまったという話もよく聞く。

「目に見えない鎖で縛られているような感じ」

２０２1年10月末、上海ディズニーランドの入園者から１人の感染が確認されたことが大きなニュースになった。即座に2日間の休園が決定され、３万人以上の来園者とスタッフ全員にＰＣＲ検査を実施した。全員の検査が終わり、最後の人がようやく敷地の外に出られたのは日付が変わった翌朝の8時だった。

私の知人が住むマンションにも、当日ディズニーに出かけた家族が住んでいた。

「マンション居住者のＳＮＳグループに連絡がきました。彼らは2日間の隔離と12日間の自宅観察が強制され、隔離中に2回、自宅観察中に2回のＰＣＲ検査。感染していたら、数十棟あるマンションすべてを封鎖する、といわれました。そんなことになったら私の仕事の予定が大幅に狂ってしまう。私はディズニーに行っていないし、その家族はかなり距離が離れた別の棟で面識もないのに……。気が気ではありませんでした」

同じく、上海に住む別の友人のもとにも、その晩、保護者間のグループチャットを通じて教師から連絡が入った。

「10月30日のこの時間帯、上海ディズニーにお子さんや同居家族が行った人はいますか？もしいたら隠さないで、正直に名乗り出てください！」

上海市内の各小中学校から高校、大学、企業まで、どこかで一人でも感染者が出れば、このように連絡が入る仕組みが構築されている。

「目に見えない鎖で縛られているような感じです。これからしばらくの間、子どもが大好きなディズニーに行くことも控えなければ……」。友人は困惑していた。


5日間の旅行には、2週間分の衣服が必要？

デルタ株に続き、オミクロン株の出現もあり、世界では感染拡大と縮小の波が繰り返されているが、中国といくつかの国・地域だけは、コロナの封じ込めにほぼ成功しているように見える。中国のニュース映像を見て、また友人の話を聞く限り、かなりの中国人は日常生活を取り戻しているかのようだ。

それはゼロコロナ政策を強化しているからだが、いざ自分がいた場所で感染者が出たら、先に書いたように、ただごとでは済まない。

「感染者数が落ち着いていても、いつ、どこで感染者が出るかわからない。それがいちばん怖いのです」。中国の友人はこう語る。こうした心理から旅行や外出に慎重な人が多い。

日本でも、感染者数が減少しても旅行に慎重な人はいるが、それを中国人に話すと首を大きく横に振り、「中国の厳しさは全然次元が違いますよ」という。

２０２１年10月、国慶節（中国の建国記念日）の７日間の大型連休を前に、ある女性がSNSにスーツケースの写真とともに、次のようなコメントを書き込んでいた。

「もし今、５日間の帰省や旅行に出かけるならば、２週間分の衣服も持っていかないといけないですね（泣き笑いの絵文字）。あなたにはその覚悟がありますか？」

実際、同年10月末、国慶節の期間中に内モンゴル自治区を旅行した団体観光客から感染が拡大し、街は封鎖。約１万人もの観光客が隔離施設に収容されるという事案があった。

しかも、10日間の隔離だけで終わらず、専用バスや列車に乗せられて別の街に移動し、さらに２週間隔離された。５日間の楽しい旅行だったはずが、１カ月以上もの苦痛に満ちた隔離生活になってしまったのだ。

ただし、こんな声もある。

「絶対に旅行に行ってはいけない、というわけではありません。家族だけでマイカーで移動してキャンプをするなど、密を避けて近隣への旅行を楽しんでいた人もいました。でも、学校に通う子どもがいる場合は難しいと思いますね」

こう語るのは前述の上海在住の女性だ。

「3日以上の連休が近づくと、学校の保護者間のSNSグループに、教師から『連休に旅行に行く予定の方はいますか？ 上海市から一歩でも外に出る方は事前に必ずお知らせください』という投稿があります。

それを見た保護者からは、瞬時に返信が書き込まれます。『没有《メイヨー》！』（予定はありません！）、『没有！』、『没有！』というふうに。同調圧力がすごいんです。我が家も当然『没有！』です。

他の保護者の書き込みが次々と見えるところで『有《ヨー》』（出かけます）なんて書く勇気はありません。だから、旅行に行きたくても、自粛せざるを得ないんです。

遠方に住む祖父が病気なので、子どもを連れてお見舞いしなければならない……という見え透いた嘘をつく人も中にはいますが、万が一、嘘が発覚して、そのまま隔離施設に移送されたらどうなるか、考えただけでも恐ろしくなります。

自分たちがいくら注意しても、旅先のホテルで他の宿泊者の感染が判明し、足止めを食らったら、どう言い訳するんですか。だから、我が家は7連休もほとんど家にじっとしていて、たまに外食に出かけるくらいでした。

旅行を強行して、何かあったら帰宅できない恐怖を想像してみてください。子どもが学校を休むだけでなく、クラス全員、学校全体に迷惑を掛けます。学校中に知れ渡りますし、子どもの受験にも響きます。

最も怖いのは刑事罰です。知り合いの話では、発熱しているのに会食に行ったり、感染者が入院を拒んだり、ワクチン未接種で感染した場合は刑事罰を科せられるそうです」

住民生活を管理する「大きな町内会」

旅行や帰省を躊躇する理由は他にもある。

２０２１年２月。春節の際、親元への帰省を楽しみにしていた上海在住の独身男性がいた。この男性によれば、当時はまだデルタ株の感染者がおらず、帰省や旅行に関する規制は比較的緩かった。

「市政府の通知には『農村地域に帰る人のみＰＣＲ検査の陰性証明が必要』とありました」

男性の故郷は農村ではなく、ある省の都市部なので「大丈夫」と思っていたが、出発日が近づいたある日、実家がある地区の居民委員会（住民の自治組織）から両親に連絡があった。

「春節に帰省する家族には、陰性証明を必ず取得してもらってください、といわれたそうです。両親は居民委員会の人の雰囲気から何かを察知して、『今年は帰ってこないほうがいい』といい出しました」

男性は悩んだものの、結局、出発直前にＰＣＲ検査を受け、陰性証明を取り帰省したが、両親からは「居民委員会の人たちは、上海などの大都市からやってくる人がコロナを運んでくる恐れがある、と神経質になっている」と聞かされた。

居民委員会は、本来、陰性証明は必要ないのに、上の組織に気を遣って自主的に厳しい規制を設け、大都市からの訪問者を減らそうとしていた。両親も、上海から息子が帰ってきたら、「コロナを運んできた」と近所から糾弾されることを心配したそうだ。

この居民委員会というのは、地方政府の末端組織で、社区《シャーチュー》と呼ばれるマンション群または一定のエリアを管轄する。日本に該当する組織はなく、「大きな町内会のような組織」と紹介されることが多い。

居民委員会の委員長は公務員で、専従メンバーも「準公務員」のような役割を担う。マンション住民への行政通知の伝達、住民生活の困りごとの相談や解決などが主な業務だが、コロナ発生以降は、住民の健康チェックや食料調達に関する業務なども担うようになり、コロナ下での生活を陰で支えた立役者といわれた。

マンション住民と居民委員会担当者はすべてSNSのグループでつながっている。

1978年の改革開放以前、ほとんどの中国人は「単位《ダンウェイ》」と呼ばれる職場に所属し、その近くの住居を割り振られ、家族構成や生活状況のすべてを把握・管理されていたが、居民委員会は現代版の「単位」と考えてもいい。

コロナが感染拡大した2020年1月以降は、居民委員会により、マンション群を囲うゲートは厳しく出入りが管理されている。中国のマンションは、数棟から数十棟が1つの敷地で囲われており、一軒家とマンションが入り混じる日本のような住宅街とは異なるため、もともと管理しやすい。見慣れない訪問者があれば、ゲートで厳しくチェックし、居民委員は当局に通報する役割も担う。

春節の帰省や訪問者をできるだけ減らすため、居民委員会が住民にプレッシャーをかける行為は、この男性の出身地だけでなく全国各地で行われた。

「近所の目」は、日本よりはるかに厳しい

地方政府や居民委員会が住民に厳しく対応するのは、自らが管理する地区で感染が拡大した場合、彼ら自身が厳しく責任を問われる（処分される）という重圧があるからだ。居民委員会の上には街道弁事処という都市部の行政組織がある。

２０２０年、最初にコロナが広がったとき、武漢の地方政府担当者は中央から厳しい処分を受けた。２０２１年12月、西安市で感染者が拡大した際も、当局者26人がコロナ対策の責任を問われて処分された。

末端の行政区分の組織になればなるほど、処分による打撃は大きく、受ける重圧も大きくなる。そのため末端組織は、規則に明記されていなくても、自主的に厳しく規制する。万が一、クラスター（集団感染）が発生すれば、そこのトップの首が飛ぶからだ。

2020年3月、私は都市封鎖されている最中の武漢に在住する友人に取材した。同じ武漢市内で別の家に住む友人の両親は、ボランティアで居民委員会の手伝いをしていた。「ゲート付近で外部から来る人の身分証をチェックし、毎日スーパーから各戸へ届く食料品の仕分けを手伝っていました。ふだん、居民委員会の人にはお世話になっているし、封鎖されて暇なので、少しでも外の空気を吸いたかったのだそうです。

大型マンションでは住民同士のいざこざが起きたとき、居民委員会の人がいないと困る。だから、厳しく管理されていても彼らに従わないといけない、と両親がいっていました」

2021年8月、四川省重慶市の一部の地域で、スーパーやホテルなどに入る際、ワクチン接種記録の確認が始まり、その際、未接種者の住所や氏名を控え、接種を促すという施策が行われた。住民からは「これまでの中央政府の方針よりも厳しい」と反発が相次いだ。

こうした話は中国の地方と中央の「上下関係」をよく表しているが、中国では各地ごとにルールが異なったり、ある日、突然ルールそのものが変わったりするため、現場では小さな問題が頻発している。

このため「不満はもちろんあるけれど、実家の両親が（あとで規則が変わって）困らないように」と帰省を取りやめる人も多い。

日本でも「県外ナンバーの車では帰りにくい」「実家の近所の人に白い目で見られる」といった心配から帰省を躊躇した人がいた。

だが、中国の「近所の目」は日本よりはるかに厳しい。

14＋7＋7——謎の数字は何を意味するのか

中国政府は海外からの入国者に関しても、一貫して厳しい措置を取り続けている。コロナ発生以降、首都・北京市への海外からの直行便は停止しており、それ以外の大都市にしか就航していない。

北京市が最終目的地である場合は、大連や天津など比較的近い国際空港を利用し、そこから乗り換える方法を取るしかないが、乗り換え前に、到着した都市での隔離が待っている。

都市によって隔離期間は異なるが、2020年の前半は、多くの都市で2週間だった。だが、デルタ株の感染が拡大した2021年夏以降、隔離期間は徐々に長くなり、2021年12月現在、経過観察を含めると最長で4週間となっている。

2021年9月末、中国メディアに「回国（帰国）最新隔離政策」が紹介されていた。

14＋7＋7（北京市の場合。空路で他都市に入り、隔離後、北京市でさらに経過観察）

14＋7（上海市の場合。目的地が江蘇省、浙江省などの場合は3＋11）

14＋7＋7（重慶市の場合）

14＋7＋7（広東省の場合）

隔離日数が都市によって異なり、変更も多いため、このような早見表がアップデートされてときどき出回る。

14というのは最初に到着した都市での隔離日数のこと。その後、他の施設や自宅などに移動して経過観察となる。

2021年夏、東京都内に住む中国人男性は杭州市に出張した。彼の場合、上海市経由で杭州市が最終目的地だったため、上海で3日間の隔離を経て、上海近郊の浙江省嘉興市で11

日間の隔離を経験したのだが、それだけで終わらず、杭州のウィークリーマンションで7日間経過観察をした。彼の場合は3＋11＋7で、21日間は一切、外出は許されなかった。

「3週間で見かけたのは防護服を着た係員だけで、外の世界とは遮断されていました。上海では1泊（3食つき、酒類ＯＫ）で370元（約6500円）、嘉興市では同じく1泊（3食つき、酒類禁止）330元（約5800円）。もちろん、すべて自腹でした」

杭州市はアリババの本拠地で、アリババ系の『餓了么《ウーラマ》』とテンセント系の『美団《メイトゥワン》』という2大デリバリーサービスが競い合っていたため、食事が充実していて割引率も高く、助かったという。

絶対に「ウィズコロナ」を認められない理由

私の日本人の友人たちも中国で隔離を経験した。現地駐在を命じられた人や、中国で起業している人たちだ。彼らの多くは「貴重な体験」をＳＮＳで紹介していた。毎晩決まった時間に隔離生活を生中継したり、弁当の写真を投稿したりして、隔離で持て余した時間をやり過ごそうとしたのだ。

中国での隔離生活は都市やホテルによって、部屋の広さや食事内容、利用できるサービスがかなり異なり、どれだけ快適に過ごせるかは運に左右される。2021年夏の東京五輪に参加した中国人選手団も、金メダリストを含め、関係者全員、例外なく厳しい隔離を余儀なくされた。

ある中国人は「習主席は国際会議もすべてオンラインで行っていますが、もし海外に出たらどうなるのでしょう？　北京行きの国際線はストップしているから、国民と同じように他の空港に到着して、そこにあるホテルで隔離生活を送るのでしょうか」と語っていた。

なぜ中国政府はここまで厳格なゼロコロナ政策をとるのか。世界各国は「ウィズコロナ」へと舵を切っているが、中国は「ゼロコロナ」にこだわっている。

北京在住の友人は背景をこう語る。

「2020年の夏頃、中国はほぼコロナを抑え込んでいましたが、それは政府の強いリーダーシップのおかげであり、この社会の体制に優位性がある、とメディアで宣伝していました。

一方、同時期に『感染者数が増加する欧米は無策である』という、欧米を批判する報道も増えていったように感じます」

しかし、中国も2021年の夏になると、デルタ株の感染者が増えていく。

「これまで中国は政治体制のおかげでコロナを抑え込めていたのだ、と宣伝してきたために、もし抑え込めなかったら、今度は自分たちに批判の矛先が向いてしまう。だから、絶対に『ゼロコロナ』でなければならない。引くに引けない状況なのだと思います。国民も、政府がゼロコロナといったらゼロコロナ。否応なく、従わざるを得ない」

もはやウィズコロナに転換はできない。コロナとの「共存」を認めることは、中国の政治体制の否定や政策の失敗を認めることにつながるからだ。

2022年秋の共産党大会での習体制3期目の突入に花を添えるためにも、ゼロコロナは不可欠なのだ。

「コロナを踏み台に、習政権の基盤は強固になった」

厳しすぎる中国のコロナ対策について、中国人はどのように感じているのか。

取材では、隔離措置だけでなく、国内のコロナ対策全般について、かなり高い割合で「賛成」「どちらかといえば賛成」という意見が多く聞かれた。あくまでも印象だが、およそ7～8割の人が賛成、2～3割が反対といった感じだ。

賛成意見には次のような声があった。

「中国はコロナに打ち勝ちました。人口が14億人もいるのに、ここまで徹底できる我が国は本当にすばらしいと誇りに思います。感染者が出たら、移動が制限されるなど不自由を強いられますが、やむを得ない。人命よりも大事なものはありませんから。政府への忖度でこういっているのではありません。自分は何よりもコロナが怖いのです」

「私はとにかく死にたくない。ＰＣＲ検査にも慣れたので、しばらくＰＣＲ検査をやる機会がなかったら、逆に心配です」

感染者が出たマンションの封鎖や、夜中でも実施するＰＣＲ検査を快く思っているわけではないが、「ほかに封じ込める方法がない」と思っている人が多いのも事実であり、強硬なゼロコロナへの支持は驚くほど多い。

大都市に住むある男性はこう語る。

「ＰＣＲ検査は自分の身を守るためのものでしょう？　感染者を見つけ出すことで安心して

生活できる。無料で検査をしてくれるのはありがたいと思わなければいけないのです」

ある地方の教師は、これまで政府に対してかなり批判的な考え方を持っていた。現在でも、内輪の席では「中国共産党は嫌い」とはっきり口にする。だが、コロナ対策について尋ねると、意外な答えが返ってきた。

「私は授業のとき、いつも学生たちにいっているんですよ。中国のコロナ対策が成功しているから、今、私たちはこうして対面授業ができるのです、と。世界では対面授業ができない国がたくさんあります。先生も学生も1日中パソコンの前にいて、かわいそうです。海外では学校をやめた若者も大勢います。それに比べたら私たちは幸せです。対面授業ができるのは中国政府のおかげ。この点だけは、率直に認めなければなりません」

別の男性もこう話す。

「これまでは習近平政権に批判的だった人たちが、コロナの封じ込めを機に、次々と政府批判をやめるようになりました。『我々はこの政府についていくしかない。この政権でよかった』という心境にまでなっている人がかなり多い。コロナという未曾有の危機があったからこそ、習政権は延命できる。コロナを踏み台として、政権基盤が強固になったといっても過言ではないでしょう」

厳格な規制で一部に芽生える、体制への反感

しかし、現政権の厳しすぎるやり方に疑問の声がないわけではない。政府の対策に「やりすぎだ」「人権無視だ」と怒りを露わにする人もいた。現在の対策についても不満の声はあるが、武漢の初期の対応のまずさにより家族を亡くした人の中には、地元政府を提訴しようとしている人もいる。

ある在日中国人の男性は、これまで日本から見て「中国のコロナ対策は万全だ。本当によくやっている」と感じてきたという。ところが、中国に住む母親が別の病気で入院したのをきっかけに、心境に変化が生じた。

「コロナ対策で、姉は見舞いもできませんでした。日本でも制限されてはいますが、中国ではもっと厳格です。入国後の隔離措置も非常に厳しく、親が危篤でも数週間は絶対に隔離されます。例外は決して認められません。親の葬儀に間に合わず、隔離中に一人、悔し涙を流した友人を何人も知っています。オンラインで参列したそうです。そこまで厳しくする必要

があるのかと、これまで信じていた政府のコロナ対策に疑問を感じるようになりました」

中国政府のコロナ対策に賛成する人にも、「自分の家族が感染して、見舞いに行けなかったり、自分自身が感染して職場で差別されたりしたら、きっと考え方が大きく変わると思います。要は自分事じゃないから、ゼロコロナに賛成だといえるのです」と話すケースがあった。

厳しすぎるコロナ対策は市民生活にも深刻な影響を与えている。

米ブルームバーグの報道では、北京で感染した学校職員一人がワクチン接種を受けに行ったことから、同じ会場に居合わせた他の職員が勤める小学校もすべて閉鎖になった。学校にいた生徒たちはPCR検査を終える夜中まで下校を認められず、あまりの寒さに保護者たちが学校に毛布を届けたという。

「政府のコロナ対策に不満を漏らせば、ひどい目に遭う」

2021年11月、広州市のショッピングセンターで警備員の男性が客の男性を刃物で刺す事件があった。中国メディアは、「駐車場に入る際の体温検査でトラブルになったことが原因」と短く報じている。

同12月、西安市でも、マンションのゲートで警備員と住民女性がＰＣＲ検査を巡って口論になった。女性が「私は一般人じゃない。アメリカに7年いた上級国民だ」というと、警備員が「それなら今すぐアメリカに帰れ」といい返し、この住民は公共秩序を乱したとして10日間の拘留処分となった。

２０２２年1月、同じく西安市で、陰性証明の期限切れを理由に診療を拒否された妊婦が、屋外で2時間待たされて死産し、市民の間で反発が広がった。

厳しい規制が背景にある事件を報じる、このような報道は比較的少ない。

中国メディアやＳＮＳをチェックしても、「ゼロコロナ」を否定する人の不満の声は、あまり表面には出てこない。もちろん政府がメディアをコントロールしていることも関係しているが、それだけではない。

「自分たちもＳＮＳなど、目立つところに（不満を）書かないだけ。私の友人の間では、政府のコロナ対策には肯定が6割で、否定が4割くらい。否定的な意見も少なくないです。あまり大きな声でいっていないだけで、否定派が中国に存在しないわけではありません」と強調した知り合いもいた。

２０２１年11月、厳しすぎるコロナ対策への不満を示唆するような、警察官をからかう投稿をした男性が当局に拘束された。「政府のコロナ対策に不満を漏らしたり、抵抗したりすれば、必ずひどい目に遭う」ことを世間に知らしめた事件だった。

アメリカへの憧れが、コロナで吹き飛ぶ

「欧米のコロナ対策を見ると唖然とします。とくにアメリカ。なぜコロナで80万人以上もの人が犠牲になったのでしょうか。理解に苦しみます。まさか、コロナが死に至る怖い病気だと理解していないのでしょうか。

アメリカ政府は（中国人の目から見ると）無策なままでいいと思っているのでしょうか。もし中国でアメリカと同じくらいの人がコロナに感染し、死者が出たら、暴動が起きて大混乱に陥ります。国家が崩壊するほどの危機に直面すると思います。中国が崩壊したら、世界も崩壊します。

外国人だって、もし中国国内で感染爆発が起これば、きっと中国をこれまで以上に猛烈に

批判するでしょう。中国でコロナが収まっていても海外では誰も評価してくれないけれど、感染拡大したら、どうせ袋叩きでしょう」

欧米の報道では、中国の厳しいゼロコロナ政策について、「人権無視の中国ならではのやり方だ」「個人生活を犠牲にして抑え込んでいる」と批判的に見ている面がある。

だが、中国に住む中国人には、「命の危険がある状況にあっても、海外では個人の意見が尊重されるというのか。信じられない」という見方をしている人がいる。アメリカなどの現実を見て「あり得ない」と感じているようだ。

むろん、中国メディアによるアメリカ批判の影響もあるが、感染者数を見ただけでも、中国人には信じられないほどの衝撃なのだ。ある男性はいう。

「どんなに正義を振りかざしても、どんなに自由が大事でも、命あっての物種でしょう？私はこれまでアメリカに憧れていた気持ちがあったのですが、コロナによって吹き飛んだ。アメリカへの憧れや幻想はガラガラと音を立てて崩れ落ちました」

アメリカ在住の中国人は、現在の中国をこう見る

では、アメリカに住む中国人はどう見ているのか。30代の男性はこういう。

「結果として、中国の対策がうまくいき、アメリカの対策は失敗だったといっていいと思います。そこは中国のコロナ対策を評価すべきでしょう。ただ、現実問題として、コロナの完全な収束はほぼ不可能になり、これからどう共存していくかが、今、海外で行われている議論です。

しかし、私が見る限り、中国国内では『コロナとの共存など言語道断』といった意見が多いように感じます。中国政府が欧米と同じく『ウィズコロナ』へと徐々にシフトしようとしても、果たして国民が納得し、それに賛同するかというと、かなり疑問です。

日本でも知られているように、中国では一人でも感染者が出れば、そのマンションを完全に封鎖し、住民全員がＰＣＲ検査を受けることになりますが、ほとんどの人がそれに素直に従い、支持しているように見えるからです。もし政府が手を緩めたら、逆に国民が怒り出し、『ゼロコロナを堅持せよ』、といい出すのではないかと思います」

一方、この男性は、アメリカについてはこう語る。

「アメリカに代表される民主主義国家では、どのようなアクションにも法整備が必要で、それには一定の時間がかかる。そうこうしているうちに感染が拡大して、議論が無駄になってしまうこともあります。

法の決議には多数決の同意が必要で、アメリカでは各州それぞれ政策が異なります。たとえばテキサスなどの保守的な地域では、あくまでも個人の自由を尊重すべきという考えで、マスクの着用は強制できません。

重大なパブリック・クライシスを前に、中国の体制は迅速に対応できるというメリットはありますが、日常生活を送る上で、行政命令の境界が曖昧なままでは、いつか自分が大切にしてきたものが一瞬にして失われるのではないか、という不安もあります。行政命令の境界が曖昧というのは、行政命令は法的根拠がなくても、偉い人の意向で決まり、線引きがどこにあるかよくわからない、という意味です。

その一方、アメリカに住んでいると、政府はあてにできないので、パブリック・クライシスに直面したとき、自分自身で何とかしなければならない。でも、アメリカでの日常生活には明確なルールがあり、それさえ守っていれば、少なくとも自分の生活は破綻しないだろうとも思います。

どちらがいい、悪いという話ではありませんが、自分はアメリカにいて、そのように感じています」

コロナ禍でも外出する日本人が理解できない

中国に住むある中国人は「中国人に自由を認めたら、どうなりますか。強制されるからこそ、ふだんは身勝手な中国人でも、ほぼ全員が同じように動ける。非常時だからこそ、政府にはしっかりしてもらわないと中国人はいうことを聞かない」と話す。

この点について、ある中国人は次のように分析する。

「中国ではパブリック（公）はあっても、人々にはまだそこでのルールをきちんと守ろうという意識が希薄です。パブリックを守る意識がないと、そこでの個々人の利益は侵害される。だから政府は強制的に縛るしかないのです。

また、一人ひとりを見てみると、もっと強制的に、もっと厳しくコロナ対策をやってほしいと願っているようにすら見えます。

私が知っている中国のある田舎の村では、外部から住民以外の人が村に入ってくることを阻止しようと、自主的にパトロールしたり、村の入り口で盾を持って立っていました。自分の村さえ守ることができたら、他はどうでもいいと考えているように見えました。このような身勝手な考え方の人が多い国で全体をまとめるために、政府は強く出なければならない。

その結果、政府の対応、とくに地方政府の対応は行きすぎてしまう面もあるのではないかと思いました」

この男性は、中国と比較して「日本のような（公の意識の強い）国では（公権が介入するという）強制をする必要はない」と話していたが、多くの中国人に日本のコロナ対策について聞いてみると、「理解できない」「緩すぎる」という意見が大半だった。

2021年夏、上海在住の男性に、そのころの東京都の1日の感染者数（約5000人）を伝えると、絶句して、すぐに返事ができないくらい戸惑っていた。

「絶対に家から一歩も出ないでください。必ずそうすると約束してください」といって、私のことを真剣に心配してくれた。

中国でも日本のニュースはほぼリアルタイムで伝わる。この上海の男性から「数千人の感染者がいても、東京・渋谷の交差点では多くの人が往来している。そのような状況で、なぜ遊びに出かけるのか。一体、日本人は何を考えているのか」と詰問され、返答に窮した。

「千葉県でコロナに感染した妊婦の搬送先が見つからず自宅で出産し、新生児が亡くなったというニュースは本当にショックでした。中国でも大きく報道されました。武漢で感染爆発したときにも、似たような悲劇があったのですが、まさか、あれだけ医療が発達している日本でそんなことが起きるとは……」

日本のコロナ対策に否定的な意見も多い。

「あまりに緩すぎて話にならない。私の知り合いはもう我慢ならないといって、何人か中国に本格帰国しました。このまま日本にいたら、感染するのではと心配したからです。政府の遅すぎる対応を見て、日本という国に見切りをつけました。日本に生活基盤がある人は別ですが、若い世代は、親戚もいなくて不安だったと思います」(都内在住の女性)

ＳＮＳで知り合った在日中国人の男性は、コロナで不安な気持ちを抱える同胞のため、ボランティア活動を始めた。

きっかけは２０２１年７月に静岡県熱海市で起きた伊豆山土砂災害に中国人も巻き込まれたことだったが、コロナ病床がひっ迫して入院できず、自宅療養者が増加したとき、ＳＮＳで連絡を取り合い、酸素ボンベを届けるなどの助け合い活動を行った。

参加した男性は「日本の医療体制が本当に心配です。自分たちでできることはやろう、と思いました」と話していた。

日本のコロナ対策は「仏系」

２０２０年春、中国での感染がほぼ抑えられ、日本の感染が拡大したとき、中国で日本のコロナ対策は「仏系《フォーシー》」と呼ばれた。仏系とは日本由来のスラングで、「緩い」「のんびり」「気にしない」などの意味だ。

本来は必ずしも悪い意味だけではなかったが、コロナに関しては「手ぬるい」といった皮肉の意味合いが込められた。

中国の友人によると「中国の感染が収まり、今度は日本が大変になってきたというとき、マスクを贈ってくれたお返しをしたいといって、中国から日本にマスクが贈られるなど支援もたくさんあったのですが、日本と関わりのない人々は、当時の政権の後手に回る対策を冷ややかな目で見ていました」という。

第2章

激変する社会と常識、住み心地は？

ＳＮＳで政治の話は、どこまで可能なのか

「大学時代の同級生約５００人のＳＮＳグループに入っているのですが、ほとんど毎日のように、誰かが熱心に議論したり、意見交換したりしています。多いのは国内政治や中米対立などの国際情勢、経済、あとはコロナ関連の話題ですね。けっこうまじめな話題が多いです。習近平氏もけっこう話題に上ります。ときには相当突っ込んだやりとりもあります」

40代のある中国人男性はこう語る。この男性が卒業したのは、中国国内のランキングでトップ10に入る有名な大学だ。グループには政治家、大企業の管理職、公務員もいて、それぞれの立場によって意見はかなり異なるという。

「このところ、『戦狼外交』という言葉がよく聞かれるようになりましたが、挑発的な言動をする外交官と同じように、西側による中国への批判に対して、非常に強い表現で反論する公務員の友人もいます。

具体的にどのニュースを議論したかは話せませんが、公務員には『昔の中国とは違う。海外からいわれっぱなしではなく、反論すべきことはしっかり反論しなければいけない』と

か、『中国人として、我々と違う価値観には堂々と立ち向かうべきだ』といった意見があります。

でも、大企業の社員や企業経営をする民間人は、海外との関係が悪化すると困ります。中国企業が海外とビジネスをする上でのマイナス面を懸念して、『俺たちの立場も考えて、あまり過激なことをいわないでくれよ』という姿勢です。

国内政治について議論するときには、はっきりと名前を出さず、遠回しにいうことが多く、習近平氏を『大大《ダーダー》』とか『彼は……』などと呼ぶこともあります（『習大大《シーダーダー》』は「習おじさん」という愛称だったが、現在は使用できない）。話の流れで、いちいち名前は出さなくても皆わかるので……。

『共同富裕』や欧米によるファーウェイの締め出し、中国恒大集団の債務問題、コロナ起源説、北京冬季五輪に対する外交ボイコット……。

さまざまな問題を率直に議論する仲間がいるので、チャットのやりとりを傍から見るだけで、今、中国のエリート層たちは何に関心があるのか、すぐにわかります。

同級生の会話を見る限り、私たちの年代でもだいぶナショナリズムが高まってきていると感じます。とくに海外と接点がない人たち、ずっと国内にいる人たちからはそれを感じます。海外との接点の有無は中国人の考え方や視野に大きな影響を与えています。国内にいると、中国のメディア（とくにアメリカに対するネガティブな報道）の影響を受けるので、『中国は西側からいじめられている』という被害者意識が強くなるのです」

この男性は国外に住んでいるので、一歩引いた立場で同級生のやりとりを観察している。

コロナ前の2017年に取材した別の中国人は、当時SNSのグループで政治に関する話をよくするとして、「次の政治局常務委員はどんな人が選ばれると思う？」といった直球の質問を投げ、自分の仕事の参考にすることもあると話していた。

あれから4年、その人に最近の様子を問い合わせてみると、「最近は友人も敏感になって、気軽な感じでのヒアリングができなくなりました。今の空気はけっこう重いですね……」と、当人の口も重かった。

会食の写真に写るワインが招く不安

日本では「言論の自由がない」というイメージがある中国だが、SNSで政治について語ることは中国人にとって一般的なことなのか。

別の中国の名門大学を卒業した50代後半の男性に聞くと、大学時代の同級生同士で組織されるグループに入ってはいるが、政治的な話題はほとんどなく、むしろ避けているという。

「卒業した学科や年代によって、議論する話題はかなり異なると思います。中国の大卒者の多くが政治に関心があるわけでもないし、いろいろです。

私の場合、専攻した学科の関係があると思うけど、同級生のほとんどは中国国内に住んでいて、留学したことのある人は少ない。

グループチャットに書き込むのは無難な話題が多く、たとえば、今度Aさんが深圳に行くので、現地に住む同級生で集まって食事をしようとか、健康、子ども、旅行のことなどです。

政治に関して議論すると仲間割れになったり、激しい口論になったりして気まずくなりますし、SNSに書くと、誰かがその会話を口外するかもしれないという心配もあります」

この男性は「知り合いの話」として、こんなエピソードを聞かせてくれた。

「中国国内にいる人は何をやるにも慎重です。ウィーチャットの朋友圏《ポンヨーチュエン》（SNSの友人グループ）に『今日、○△で食事をした』と書くだけでも、自分にとって、それを投稿することが得になるのか、損になるのかを考えます。

他愛ない食事中の写真でも、そこにわずかに写り込む腕時計のブランドは何か、テーブルのワインの銘柄は何で、価格はいくらか。そこも計算します。高価すぎると、誰かに賄賂でもらったものでは、とか細かいことまで突っ込まれるかもしれないので。

もっと怖いのは、写真について詮索され、その情報がどこかに伝わっているのに、その事実が自分だけに知らされないかもしれない、という不安です。高級ワインを飲んだだけで、変に疑われるかもしれない……。

だから、ささいな情報でも、大勢の人が目にするところに何かを書くときには、中国人はとても慎重になるのです」

ネットの政治談議も不自由に

日本に住む別の中国人の知り合いは、よく日本の政治の話題をウィーチャットに投稿している。日本の政治家を茶化すこともある。

「日本では政治家を揶揄するのも自由。ネットに政治家の悪口を書いても、よほどひどいことを書かない限り、危険な目には遭いません。でも中国では無理です。ウィーチャットの書き込みはＡＩの判断で、投稿しようにも、できないこともありますから」

のちに紹介するが、ＡＩの検閲は避けられない。そこでときには隠語を使うこともある。とある女性が教えてくれた。

「数百回も使えば隠語は隠語ではなくなりますし、短期間で消えるものもあれば、生き残るものもあります。まだ『生きている』隠語は、ここではお話しできません。以前よく見かけたのは、ＺＦ（政府《ジェンフ》＝Zhengfu の頭文字）や、ＷＧ（文革《ウェングー》＝Wenge の頭文字）などの略語です。習氏のことを『包子《バオズ》』（肉まん）と呼んでいた人もかつてはいました」

２０１３年、習氏が電撃的に北京の老舗肉まん店「慶豊包子舗」を訪問したことから一時、習氏のことを「習包子《シーバオズ》」と揶揄する人が現れたが、その後ＮＧワードになった。

日本でもよく知られているものとしては、「くまのプーさん」（中国語では維尼熊《ウェイニーション》）が習氏を連想させるとして、現在は中国では使用できないといわれる（ただし、上海ディズニーにはこのアトラクションがあり、ＳＮＳにプーさんの写真を載せている人もいる）。

「以前、友人から聞いた話では、ＳＮＳでなかなか政治の話ができないので、リアルな食事会の席で政治の悪口をいった人がいたそうです。それを同席した人が録音してＳＮＳに投稿し、大問題になった。その人はもちろん多くの友人を失ったけれど、どこにどんな落とし穴があるかわかりません。以前はここまで神経をすり減らすことはなかったのですが、最近は厳しくなってきました……」。女性はそう話した。

もともと中国人は井戸端会議が好きで、政治について話している人も多かった。ＳＮＳが発達した２０１４～２０１５年頃からは「リアルな井戸端会議の場所が移動しただけ」といわれるくらい、ネットで政治談議にも花を咲かせていた。

だが、その女性は、「それもコロナ禍以降、習氏の求心力が高まって、この１～２年ですっかり消えました。単なる政治談議のつもりでも、身の危険につながりかねません」という。

「今の生活は、政治の力、リーダーの力によるもの」

重苦しい空気になっているという声もある反面、現政権を支持する声はかなり大きい。たとえSNSで政治に関する意見を堂々といえなくても、日常生活で経済的な豊かさを実感する機会が増えていることに満足している人が多いからだ。

政権を支持する理由としては、コロナの感染拡大を防いだ功績が国民の間で広く共有されていることがとても大きい。

「少しずつでも、国が経済成長し続けている間は、現政権への支持は揺らがないと思います。中国のリーダーは選挙で選ばれたわけではありません。だからこそ、経済成長し続け、国民を満足に食べさせていくことがいちばん大事。それができているうちは、政権は安泰です。そして政権が安泰なら、さらに経済も安定します」

こう語るのは60代の女性だ。

「私たちは中国が貧しかったときに青春時代を送りました。食べるものも満足になく、外国のことなんて何一つ知らず、仕事も自由に選べなかった。決められたところで働き、決めら

きらびやかな上海の夜景。今の発展を象徴している。　（筆者の友人提供）

れたところに住む。人生の選択肢はほとんどないに等しかったのです。

そんな時代に比べたら、今は本当に夢のように贅沢な暮らしができています。世界中の人が驚いているように、私たちも中国がここまで発展するとは思っていなかった。

もちろん、どんなに幸せそうな生活を送っている人でも、多少の不満はあるでしょう。こんなに豊かになっても、もっと贅沢したい、お金を儲けたいと思っている人は大勢います。

でも、私自身は今の生活に満足しているし、やはり幸せです。これは政治の力、リーダーの力によるところが大きいと思います。

西側の人の一部は『中国人には幸せになって

ほしくない』『中国人はいつも不満タラタラなはずだ』と思っているかもしれませんし、『抑圧されているかわいそうな中国人』像をイメージしているかもしれませんが、残念ながら、そんなことはありません。逆に、西側の国に住んでいれば、人間は必ず幸せになれるといえるのでしょうか？」

海外からの厳しい視線と中国人の意識

ある在日中国人の女性と話していたとき、彼女は次のように語った。

「日本ではよく、中国は不幸、中国はSNSに自由に思うことが書けない怖い国、情報統制されている国に住んでいる中国人は不幸、といわれることが多いですが、幸福って何なのでしょうか。日本人が考える中国人の幸せは、中国人が思う中国人の幸せではありません。

日本人が考える中国人の幸福は、ネットに習近平氏の悪口を堂々と書けることかもしれませんが、私たちはそうは思いません。

毎年収入が上がって生活が安定し、去年よりも今年、今年よりも来年はもっといい生活が送れること、これが中国人にとっていちばんの幸せなんです。今のところ、かなり多くの中国人は、やっとそれが実現できる時代になったと感じています」

　この女性は2021年の一時期、仕事で中国に帰省した。

「久しぶりに帰って強く感じたのは、誰もがお金を稼ぐことに必死だったことです。90年代生まれのある女性から『一緒に仕事しない？』と誘われたのですが、『中国では犯罪に近いギリギリのところがいちばん稼げる』というようなことをいってきました。もちろん乗りませんでしたが、有名になりたい、少しでも稼いで、もっといい暮らしがしたいと思っている人が多かった」

　さらにこの女性はウイグル問題にも言及した。

「海外の人からよくウイグルの人権問題について指摘されますが、正直にいえば、一般の中国人はその問題にはほとんど興味がありません」

　2020年の後半以降、感染者が収まっている間、国内旅行をする中国人が増えたが、ウイグルやチベット、内モンゴルなど、少数民族が多く住む遠隔地に行く人も少なくなかった。

　旅行業界の関係者によると、「地方経済活性化のため、内陸部や自治区への旅行を政府が推進し、航空券も特典があったから」だそうだが、現地の珍しい食べ物や風景をＳＮＳに投稿していた中国人は多かった。

内陸部のある中国人も、２０２０年の後半に新疆ウイグル自治区を旅行したという。「現地のホテルでは、ガイドとウイグル問題について話すこともありました。でも、同行した観光客たちに、深い関心を示す人はいませんでした」

台湾問題についてはもう少し関心を持つ人はいる。メディアの影響もあり「台湾統一は中国の悲願」と思っている人が多いのは事実で、その日がいつになるのかと、職場で話題に上ることもあるという。

「数年以内に統一することを念頭に、海外事業のプラン、とくに東アジアでの展開を考えている経営者もいます」と話す人もいた。

私が話を聞いた範囲ではあるが、海外から厳しい目で見られている問題については知っているものの、そのことを気にしている様子をこちらに示す人はいなかった。

高速鉄道で広がる「静音車両」とは何か

2021年の春節前。ある若い中国人男性が、SNSで「静音車両」について書いていた。内容を尋ねると、日本の女性専用車両のように、1つの列車の特定の車両がこれに当てられるらしい。男性は春節で帰省するために時刻表を調べていて、偶然見つけたという。

中国のニュースサイトで調べると、2020年12月に高速鉄道（日本の新幹線に相当）の一部路線に試験的に導入されていることがわかった。「静音車両」の決まりは次の通り。

- 静かな状態を保つこと
- 電子機器を使用する際はイヤホンを使用し、音が外に漏れないようにすること
- 携帯電話はマナーモードまたはバイブレーションにすること
- 携帯電話を使うときや、誰かと話す際は当該車両の外に出ること
- 子ども連れの乗客は面倒をしっかり見て、騒がしくしないこと

このようにルールが明文化され、中国人乗客に大歓迎されているという。中国のSNSを見ると、「静音車両」について、こんなコメントがあった。

「列車の中では静かにゆっくり過ごしたいから、とてもいいサービスだ。うるさい人が近くの席だったら最悪だから」「全国の路線に導入してほしい。静かな車両に乗ってリラックスしたいと思う乗客はとても多く、かなりの需要があると思う」

２０２１年末現在、「静音車両」が導入されているのは、高速鉄道の北京―上海間（約４

高速鉄道など公共交通機関で静かに過ごしたいという中国人が増えている。　（筆者撮影）

時間半~6時間）と、四川省の成都―重慶間（約1時間~2時間）の2路線の一部列車だけだ。この2路線の指定列車で、3両目（2等席）だけが「静音車両」となっている。

路線と列車によって異なるが、中国の高速鉄道の座席は、高い順に商務（ビジネスクラス）、特等、1等、2等の3~4種類あり、2等席が最も安く、座席数が多い。自由席はなく、すべて指定席。車両は8~16両程度で編成されている。

「静音車両」の代金は通常の2等席と同じで、割増料金はない。他の座席と同じく旅行会社の予約サイトやアプリなどからオンラインで予約・購入でき、オプション画面でこの車両を選択するだけで完了する。

現状では一部の路線でしか導入されていないことから、乗車率などのデータは公表されていないが、SNSなどを見る限り、予約はすぐに埋まってしまうようだ。

このサービスが開始されてから1年になるが、「どうしても静音車両に乗りたいから、次の列車に変更した」といった書き込みをしている人もいる。

マナー意識が高い乗客と逆切れする乗客

「静音車両」は静寂を維持するため、他の車両では行っている車内販売は行わず、乗務員も必要最低限しか巡回しない。飲食物を買いたい乗客はアプリで注文・決済を行い、乗務員がその商品を座席まで届けてくれるシステムになっている。

車内販売の商品には耳栓など「静音」に必要なグッズも揃えてあり、その場での購入も可能だ。そもそも、「静音車両」をわざわざ選択するくらいだから、乗客の意識はかなり高く、今のところ、このサービスに関連する問題は起きていない。

中国のサイトなどによると、「静音車両」の導入が検討され始めたのは2016年頃からだ。それ以前に比べ、高速鉄道の路線が拡充され、利用者が増加したのと同時に、車内での電話や、大音量で音楽や動画などを視聴する人が増え、トラブルとなっていた。

2018～2019年頃には、他人の座席を占拠して、そこに居座り続ける乗客によるトラブル、いわゆる「座席占領事件」が各地で頻発。SNSに動画が投稿されて社会問題化、警察沙汰になったこともあった。中国の高速鉄道では、なぜか自分が購入した座席以外の席に間違って、あるいは故意に座る人が非常に多い。

また、「熊孩子《ションハイズ》」（熊のような子ども＝イタズラが過ぎたり、公共の場でも暴れ回ったりする子ども）問題が浮上し、鉄道会社に苦情が殺到するようになった。

中国では、公共のマナーを守らない乗客に対し苦情をいう人も多い一方で、マナー違反をする乗客の中には、乗務員の注意に取り合わず、逆切れし、開き直る人も少なくない。

そうした衝突が度重なったことにより、公共交通機関での対策が求められていたこと、また、ここ数年、公共の場でのマナー意識が高くなった中国人も増えてきたことから、こうした特別車両の導入につながったようだ。

静音車両を教えてくれた男性によると、上海では地下鉄でも2020年12月から「静音令」とも呼ぶべき条例が発令された。電子機器の音漏れと車内での飲食を禁止するものだ。

私の記憶では、上海では数年前から車内は静かで、周囲に迷惑を掛ける人は減少していたが、市外からの出稼ぎ労働者や旅行者などによる、迷惑行為がなくなったわけではない。

そこで、静音車両とほぼ同じタイミングでこうした条例が出されたのだが、中国のSNSを見ると、この条例施行の知らせには約5億もの「いいね」がつけられていた。

2021年1月からは、上海市内のBRT（バス高速輸送システム＝2017年に導入された専用レーンを走る公共バスの1つ）の「71路」路線でも、静音車両が導入された。中国のサイトで、BRT車内に貼られたステッカーの写真を見ると、「車内での飲食」「電子機器の音漏れ」「靴を脱ぐこと、足を前の座席の上に乗せること」「口を覆わずに咳をすること」などを禁止する注意事項が書かれていた。

日本人にとっては当たり前の内容だが、広大な中国には、私たちが想像する以上にさまざまな人がいる。中国では、一部のマナーが悪い人に嫌悪感を抱き、関わりを避けようとする人が急増している。静音車両は人々に安心して高速鉄道を利用してもらうために始まったサービスの1つだ。しかし、車内での公共マナーの順守が当たり前になれば必要なくなる。

何事も猛スピードで進む中国だから、数年後には静音車両の設置が進む以前に、「そんなもの必要ない」という状況になっているかもしれない。

「ケンカ」がニュースになるほど、社会は成熟しつつある

2021年9月、北京市にオープンした「ユニバーサル・スタジオ・北京」での中国人同

士のケンカが、テレビやネットのニュースで大きく取り上げられた。北京在住の友人がこの件について語る。

「あるアトラクションに並んでいた若い女性同士が順番でもめて大騒ぎになりました。2人とも自分が先だといい張って、アトラクションの舞台上に乗って動かない。周囲が下りるように説得しても頑として下りず、結局、アトラクションは中止になってしまいました」

後日、ニュース動画を見ると、確かに2人の若い女性が舞台上に立って動かない。大ゲンカという感じではなかったが、異様な光景だ。動画は拡散され、SNSにも取り上げられた。

「中国人の素質（マナー、民度）の低さが露呈する。頼むからやめてくれ！」「情けない。本当に恥ずかしい」「周りの人に迷惑だ。さっさと下りろ！」。一方で、「メンツの問題だから譲れないよね」というコメントもあった。友人はいう。

「私が驚いたのは、このトラブル自体ではなくて、ニュースとして取り上げられたことです。以前の中国であれば、こんなことは全国各地で日常茶飯事、別にニュースではなかった。ささいなことかもしれませんが、中国も変わったものだ、と妙なところで感心しました」

私が中国を初めて訪れた１９８８年の夏、当時、街のあちこちでケンカをよく見かけた。中国では殴り合いではなく、大声での罵り合いが多いのだが、20歳そこそこの私は、日本では見たことのない光景に、ただ呆気にとられた。最初はあまりの剣幕にどれほど重大な事故が起きたのかと思ったが、実際はささいな内容だった。次第にケンカは中国社会の日常の一コマなのだと気がついた。

街中でのケンカはすぐにわかる。道路の真ん中で繰り広げられ、当事者の声が非常に大きいからだ。野次馬が大勢いて、文字通り野次を飛ばし、そのうち、どちらかに肩入れするから大騒ぎとなる。皆が大きな迷惑を被る一方で、多くの人に憂さ晴らしをさせるショーのようでもあった。それくらい当時の中国はストレスがたまる社会だった。

友人はいう。

「昔は誰彼構わず、どこかでケンカをしていた印象があり、社会がギスギスしていたのですが、近年、都会の人が道の真ん中でケンカしている姿なんて、まず見かけません。

経済的な豊かさからくる精神的な余裕、海外旅行で見聞きした経験、ネットの発達、監視カメラの設置など、ケンカが減った理由はいろいろありますが、とにかく人前で罵り合うことを『恥ずかしい』と思うくらいまでには、中国人も成熟したのでしょう。ここ数年間で、中国人のマナーも、ものすごくよくなったと感じます」

マナーや人あたりが向上して、かえって目立つこと

「中国人のマナーや人あたりがよくなった」という話は、現地在住の、あるいはコロナ前に出張していた日本人からもよく聞く。「外国人の目」で見て「以前に比べ、信じられないくらいよくなった」と口を揃える。

「中国人が優しくなった」「笑顔での接客に感動して涙が出そうだ」と褒めちぎる人もいる。ただし、枕詞として「以前と比べたら」というのが必ずつくのだが。

さらに、駅員や公務員、銀行員なども見違えるように親切になったという。これについては中国人自身も自覚していて「飲食店だけでなく、役所の対応が親切になった。病院の対応もとてもいい」と話す。

さまざまな手続きがデジタル化により簡略化され、待ち時間が減り、注文や支払いの際も

他人と直接接触しなくて済むため、ストレスが大幅に減ったことも関係している。デジタル化は中国人の心のあり方にも大きな影響を与えた。

私自身も、コロナ前には定期的に中国を訪れ、ここ数年、中国人の接客やマナーの向上を強く実感、感動していた一人だ。２０１９年に深圳を訪れた際、切符の払い戻しのため駅の窓口に並んでいたところ、割り込もうとした高齢者がいた。周囲は見て見ぬふりをするか、あるいは怒鳴るのかと思って見ていると、20代の男性が、「皆と同じようにきちんと並んでください」と冷静に声を掛けていた。

友人によれば「今の若者はマナーやルールに厳しい。高齢者が道路にツバや痰を吐いたりすると、注意するのはたいてい若者だ。マナーの悪い高齢者や中高年を嫌悪し、海外に対して恥ずかしい、同じ中国人として情けない、と思っている」という。

上海などでは２０１５～２０１６年頃から、赤信号で横断歩道を渡らないなどの交通ルールを守る人、さらにはエスカレーターで片側立ちをする（そのこと自体の是非はともかく）、地下鉄も順番通りに乗り降りする、といったマナーを守る人が急激に増えた。

コロナ前、そのことを中国人に話しても、当事者は「そうかな？　そういえば、そうかもしれない」とピンとこない様子で、むしろ友人は「まだまだ中国人のマナーはよくないですよ」と否定する。

街頭には無数の監視カメラがあり、交通違反者はすぐに判明する上、名前も公表される。地下鉄や高速鉄道などの公共交通機関でも同様だが、加えて、乗り合わせた人がすぐにその場面を動画で撮影するため、悪いことができなくなったからやらないだけだ、と説明する人もいる。

いずれにしても、全体的にマナーが向上したからこそ、かえって行儀の悪い人が目につくようになり、「まだまだ……」と厳しい目で見る中国人がいるのかもしれない。

都市部住民と地方出身者の大きな違い

あくまでも私が取材した人がどう思っているかではあるが、実際、中国人のマナーはよくなっているのか、改めて中国人自身に聞いてみた。

杭州市に住む人は「多少はよくなったけれど、以前と比べて、劇的によくなったとは思えない」と語る。

「私が住んでいる大型マンションには、農村から出てきた人がいます。ここは大都市ですが、おそらく、杭州で働く子ども夫婦の家事や育児の手伝いで、親が一時的に来ているのだと思います。

中国の場合、一時的な手伝いといっても、半年や1年、あるいはそれ以上にわたって子どもの家に同居するケースがよくあります。よくマンションの敷地内やエレベーターで見かけますが、彼らはとにかく声が大きい。鼓膜が破れるかと思うほどです。

その声で子ども（孫）を怒鳴ったり、何かに文句をいったりしています。田舎の習慣でしょうが、あの調子では孫がいくらいい学校に通っても、祖父母に似てガサツになりますよ。

夜中に騒音を出したり、エレベーター付近で大声でおしゃべりしたり、他人の迷惑を顧みない人が多い。私は田舎の人だからといってバカにしているわけではなく、そういう人に困り果ててイライラしているだけです。教育を受けていないだけなので仕方がないのですが……。そういうことを考えると、やはり中国はまだまだですよ」

この人は以前にも「マンションの上階の窓からゴミを捨てたり、花瓶の水を捨てる人がいる」「敷地内の植え込みにゴミをポイ捨てする」と不満をもらしていた。今回も聞くと、「ゴミが落ちてくる回数は減ったが、なくなったわけではない」と話していた。

この中国人と同じように、農村出身者に手厳しい都市部住民はかなり多い。中国は日本と違い、単に大都市出身か、地方出身かという出身地による違いだけでなく、受けてきた教育による格差が日本人には信じられないほど大きい。上海在住の女性は話す。

「上海や北京だけかもしれませんが、女性が数人集まれば、すぐ農村出身の家政婦に対する文句が始まります。気が利かない、料理が下手だ、ゴミの捨て方が悪い、何度も同じミスを繰り返すとか……。自分もそうですが、地方や農村出身者に対する差別意識もたぶんにあると思います。同じ中国人なのですが、言語も違うし、育った環境もまったく違う。あまり教育を受けていない彼らを見下している都会人は多いですね」

同じく上海で飲食業を営む男性も以前こんな話をしていた。

「サービス業の場合、ある地方出身者を採用したら、その人と同郷の人が芋づる式にやってきます。同じ村の人同士なら方言が通じて、慣れている人が新人に教えるので便利ではありますが、仕事でも農村の生活習慣がそのまま出てしまい、お客様のテーブルを雑巾で拭くとか、困ることがあります。上海人の常識は通用しません……」

北京在住の女性も、コロナ前は毎年夏休みになると、全国各地から「おのぼりさん」が集まってきて風紀が乱れるから夏は嫌いだと話していた。

日本でも、2015年の「爆買い」ブームの際、東京・銀座の中央通りを大声でおしゃべりしながら闊歩したり、地べたに座ってアイスクリームを食べたりしている人たちを「マナーが悪い」と報道したが、それは主に地方からツアーでやってきた団体旅行客であり、都市部からやってきた個人旅行客ではなかった。

都市部の中国人たちは「（マナーの悪い）彼らと同類に見られるのが嫌だ」「同じ中国人だと思わないでほしい」といって、銀座にはできるだけ近づかなかったというエピソードを思い出した。

今、在日中国人からも「在・日・中・国・人、というたった五文字で、私たちは全員一括りにされてしまう」という不満の声を聞く。日本人には想像もできないほど広大な国の人々だからこその悩みである。

地域間の格差は急速に埋まりつつある

２０２１年夏、上海を出発し、中国の東北地方を3週間にわたって旅行した男性に話を聞いた。この男性の趣味は旅行。とくに海外旅行が好きで、家族とギリシャ、クロアチア、イタリアなど13カ国を訪れた。日本も大好きで、来日回数は数えきれない。ほとんどすべての都道府県を回ったことがあるという。

コロナ禍以降、海外旅行は断念し、1〜2泊の国内旅行だけしかしなかったが、思い切って初めて国内の長旅に挑戦した。

「ざっと、連雲港（江蘇省）、曲阜《きょくふ》（山東省）、済南（山東省）、天津、山海関（河北省）、大連（遼寧省）、瀋陽（遼寧省）などに行きました。すべて自動車です。国際運転免許を持っているので、海外旅行でも、いつもレンタカーを借りていたのですが、今回、中国でこれほど長距離を運転したのは初めてでした。

驚いたのは道路のよさ。アスファルトの舗装状態がよく、振動がまったくない。運転していて、とてもスムーズで快適です。世界13カ国で運転した経験からいうと、大連は間違いなくナンバーワンです。ドライブインなどの施設もすばらしい。

それに比べると天津は直轄市ですが、道路はでこぼこ道でひどかった。実際に自分で運転して初めてわかったことです。

なぜこんなに大連の道路はすばらしいのか、地元の友人に聞いたら、90年代に薄熙来《ボーシーライ》氏が大連市長をやっていたときにインフラ整備に力を入れたからだ、と教えてくれました。薄熙来氏の事件（※汚職や数々のスキャンダルで失脚）は日本でも知っている人が多いと思いますが、こういう隠れた功績があったようです。

インフラ整備以外にも、各地に足を運んで気がついたことがあったと話してくれた。

「地域間の格差も猛烈なスピードで縮まっています。田舎に行けばアリペイ（支付宝《ジーフーバオ》）やウィーチャットペイ（微信支付《ウェイシンジーフー》）といった電子決済サービスは使えないところもあるのでは、と思っていたのですが、そんなところは一切ありませんでした。

その代わり、贅沢な話ではありますが、地方ならではの面白みや特色は減ってきています。初めて訪れた瀋陽と済南は、上海と変わらないというと、いいすぎですが、どちらにも巨大なショッピングモールがあって、高層ビルが林立していて、お洒落な人が大勢いました。

これまではずっと海外旅行に目が向いていたから、国内の発展具合はニュースでしか知らなかったし、あまり国内に目を向けようとも思わなかったのです。

とくに気に入ったのが瀋陽でした。東北地方には何となくあまりいい印象がなかったのですが、地元料理はとてもおいしく、人々の素質（マナー、民度）がとてもいいと思いました。接客で不愉快な思いをしたことが一度もなかったんです。

旅行をしていて最も不愉快に感じるのは接客で嫌な思いをしたとき。もし、1回でも不愉快なことがあると、その都市のイメージ全体が悪くなり、もう行きたくなくなります。逆にとてもいい接客だったり、いい人に出会ったりすると、その都市が気に入ります。これは海外旅行でも同じですよね。

ある都市の高速道路の係員の態度は最悪でした。まるで80年代の国営レストランの店員のような感じ。二度と行きたくないと思いました。でも、自分がそう感じるということは、ほかでは不愉快な経験をほとんどしなかったということです。中国のサービスの質が上がっている証拠だと思います」

この男性はホテル好きでもあり、外資系の有名チェーンがある場合はそこに宿泊するようにしているというが、ホテルに関しても気づきがあったという。

「シェラトン、ヒルトン、シャングリラに泊まったのですが、どこもサービスは満点でした。上海のホテルはとても高いですが、地方に行けば1000元（約1万7800円）以下で泊まれます。600〜800元（約1万6800円〜約1万4240円）くらいのところもある。

それでも、施設もサービスもいい。海外の同レベルのホテルと比べて、コストパフォーマンスはとてもいいと思いますね。国内旅行を見直しました」

コロナによって自分の国を見直した

この男性と同じく、上海の30代の男性も、コロナ禍で国内旅行に目を向け、各地を旅行して歩いたときの経験をこう話す。

「これまで、この国には『おもてなし』というものはほとんど存在しないと思っていたのですが、コロナで観光客が減ったせいか、自分がこれまでしっかり自分の国を見ていなかったせいか、国内の観光施設の人たちの接客が以前よりとてもよくなったと感じ、感動しました。それに、地方にはまだ知らない多様な文化がたくさんあると思いました。自分の国ですが、コロナがなければ、気がつかなかったことでした」

余談だが、私自身、コロナ禍以降、中国のＳＮＳを見ていて感じるのは、コロナ禍によって、中国人が自分の住む省や市以外の地に関心を持ったり、心を寄せるようになったことだ。

武漢がロックダウンされているときには、武漢に親戚や友人が一人もいなくても、ＳＮＳに「武漢、加油！」（武漢、がんばれ）と書いて動画などを投稿し、エールを送る人が急増した。

その後も、感染者数が多い都市が出れば、そのたびに「福建、加油」「西安、加油」という投稿が増える。ロックダウンは、自分の住む町でなければ関係ない、所詮、他人事だと思う人がいる反面、いつ、自分も同じような目に遭うかわからない、少しでも応援したいという気持ちが彼らの間に芽生えた、と感じている。

酒より食事で稼がなければいけない店の事情

ここ数年の中国料理のレベルアップについて語る中国人も多い。孟子の「民以食為天《ミンイーシーウェイティエン》」（民は食をもって天となす）という言葉がよく知られている通り、中国人にとって食事は何よりも大切だ。

この言葉には「民は食べられない状態になれば蜂起する」「政治をする上で国民の食事は疎かにできない」という意味もある。つまり、おいしい食事にありつくことができる世の中なら、政治も安定するという意味だ。

２０２１年の夏、久しぶりに帰省した在日中国人が、母国で食べた料理について語る。

「中国では高級店を除き、お酒を持ち込めます。日本の飲食店は利益率の高いお酒で儲けていることはよく知られていますが、だからこそ、コロナ禍で日本の飲食店は苦しんだのだと思います。

中国の店もお酒は提供していますが、割高なので、スーパーで買って持ち込む人もけっこういます。飲食店にとって重要なのは料理。料理の味がよく、値段にも見合うものでなければ、客から選ばれません。だから、どの店も料理（味）で勝負しなければならない。これが、中国料理の味が向上した理由だと思います」

上海在住の別の男性も、以前、東京・築地の寿司屋に行ったとき、いつもの習慣で何気なくテーブルの上にペットボトルの飲み物を置いたところ、お店の人に注意されたそうだ。

私自身は中国の飲食店に飲み物を持参した経験はないが、日系企業の社員と会食したとき、その店では扱っていないワインや日本酒を堂々と持ち込んでいた人がいたし、中国企業の人と食事した際は、酒だけでなく茶葉まで持ち込んでいる人がいた。

中国の飲食店でもお茶（中国茶）は無料で提供されることが多いが、自分の好みのお茶を飲みたいときには、茶葉を持ち込み、お湯だけもらって自分で淹れる人が多い。別注文のブランド銘柄のお茶は高級で、単品の料理よりもずっと値段が張ることも関係している。スターバックスなどのドリンクを中国料理店に持ち込み、平気で飲む人も少なくない。

このような経験を何度もしたので、私も「中国では飲み物は持ち込み可」だとばかり思っていたのだが、上海で飲食店を数店舗経営している中国人から、「それは多くの人の誤解なのです」といわれた。

「確かに大衆店では、飲み物の持ち込み可も結構ありますが、基本的に多くの飲食店は不可です。入り口に『飲み物の持ち込み不可』と大きく示している店もあります。

ただし、お客様の立場が強いので、こちらも強くダメとはいえず、見て見ぬふりをすることもあります。SNSで『持ち込みを断られた。生意気なので再訪しない』などと悪評を広められることを恐れるからです。それで誤解が広がっている面もあるのかなと思います。

以前は、お酒を持ち込まれた場合、サービス料を取ってもよいことになっていましたが、数年前から禁止になりました。勝手に持ち込まれてもなかなか文句もいえず、サービス料も取れない、これが現状です。

バーやクラブは別ですが、中国人は料理店では日本人ほどお酒を飲みません。せいぜい1～2杯程度で、料理そのものを楽しむ人のほうが圧倒的に多い。そのため店側は、料理で利益を出さなければならないため、全力投球するのです。

舌が肥えた中国人が増えていますし、『大衆点評《ダージョンディエンピン》』のような飲食店評価サイトでシビアに点数をつけられるので、料理の質の向上は至上命題です」

ネットスーパーの恐るべき至便性

1980年代に中国の大学を卒業して日本に留学して以降、日本で生活し、約30年ぶりに母国に戻った中国人がいる。中国の大学に入学したのは、文化大革命後に「高考《ガオカオ》」が再開された直後。約10年ぶりに再開された入試には全国の若者（30歳くらいの人もいた）が殺到し、高考史上、最も激戦となった。

そのため、1977年と78年に大学に進学できた人は、特別に「七七級《チーチージー》」「七八級《チーパージー》」という名称で呼ばれ、今でも一目置かれる優秀な世代。78年に北京大学に進学した李克強首相が、まさにそれに当たる。

そんなスーパーエリートが久しぶりの中国暮らしをどう感じているのか。「30年ぶりの中国はいかがですか？」と尋ねてみた。

すると、間髪入れず「中国ほど便利な国はないです」と断言して、こう続ける。

「最初はスマホにたくさんのアプリを入れなければならず、使い方に慣れるまでは大変でした。ところが慣れたら便利で、便利で……。このまま中国に住みたいと思うほどです。ここ

大量の商品を運ぶネットスーパーの配達員　（北京、共同提供）

は本当に中国なの？　と叫びたい気持ちです。

いちばん便利なのはネットでの買い物です。慣れてくると、卵ならここ、肉ならここ、と安くて質のいい店がわかるので、それぞれ別々に買います。送料無料だからできることです。間違った注文をしても、すぐにキャンセルも可能。返金手続きも簡単です。やりとりの記録が残るのでトラブルもない。

先日は料理の準備中に生姜が足りないことに気づいて、１つだけスマホで注文したら、料理中にすぐに届きました。こんなに便利な生活に慣れたら、日本のネットスーパーは不便すぎてもう使えません」

宅配の家電商品は、配達員の前で使い心地を確かめる

ちょうど私とやりとりしている間にも、宅配便で家電製品が届き、受け取りで中座した。「中断してごめんなさい。『家電の箱を開けて、今すぐ中身を確かめてみてくれ』といわれたもので。使い心地が悪かったら、その場で返品も可能だそうです。すぐに使って問題がなかったから、その場でスマホ決済しました。最近の配達員はただ届けるだけでなく、こういうこともしてくれます。これが消費者の安心感につながっているのです」

2015年の「爆買い」ブームのとき、日本の家電量販店で中国人が炊飯器を購入する際、「新品で問題なく使えるかどうか、箱を開けて中身を確かめたい」といい、販売員を困らせることが多かった。かつての中国では不良品が日常茶飯事だったからだが、今では中国でもそういうことは少なくなった。

さらに生活費の安さにも驚いたという。

「最近の中国は物価が高いといわれますが、高いのは不動産や教育費、一部の高級料理店だけです。光熱費や交通費などはとても安い。北京市内だったら、地下鉄は2～4元（約35円

～約71円）。4元あれば、市内のかなり遠くまで行けます。ランチはデリバリーで20～30元（約350円～約530円）もあれば十分。接待や、たまの贅沢の高級料理店は日本よりも高いのですが、それ以外は安いのです」

さらに久々の母国での「感動」エピソードは続く。

「この前、北京市郊外の『水長城』という観光地に初めて行きました。北京中心部からの道路はきれいに整備されていてスムーズ。現地の公衆トイレもすごくきれいで、すべてにトイレットペーパーもある。水洗ではなく泡で流すタイプもあります。

最近の北京は大気汚染が改善され、空は青く、夜には星空だって見えるんですよ。数年前に出張した際には、数時間マスクをしたら真っ黒になるくらいPM2・5（微小粒子状物質）で大気汚染がひどかった。でも今は青空の日が多い。感動して写真を何枚も撮ってしまいました。

30年以上前、私が日本に留学したとき、日本人はなんて歩くのが速くて、いつも一生懸命に仕事しているのかと思ったものでした。これが日本の経済発展の原動力だと実感したものです。今の中国は仕事が多く、定時で帰る人なんてほとんどいないというくらい。私の所属する組織のトップは月に1~2日しか休みません。週末も会議でつぶれるくらい、熱心に仕事をしています。

中国は外国からあれこれ文句をいわれていますが、一人ひとりは皆がんばっている。人が動けば経済も動く。これ、30年前の日本の姿なんだ、と感じています」

第3章
「共同富裕」と格差への不満

宿題を減らし、塾の負担も減らす

「今年（2021年）の夏、大手学習塾チェーンが、突如、閉鎖になりました。急いで塾に行ってみたのですが、すでにドアは施錠され、中を覗くことすらできない。茫然の一言です。泣きわめく親御さんもいました。

ここだけの話ですが、今、信頼できる保護者数人で協力して、ある場所にスペースを借り、こっそり先生を呼んで子どもたちを勉強させているんです。教科は英語と数学だけですが、子どもだけで勉強するのは大変なので、どうしても先生が必要なんです。でも、この秘密のスペースが政府にバレたら大変です」

小学校6年生の子を持つ母親はこう語る。彼女の故郷（北京市に隣接する省）の都市では、いったんすべての塾が閉鎖になったものの、1カ月後には堂々と営業再開しているという。

日本では「塾禁止令」として、中学生以下の塾は完全になくなったかのように報道しているが、「上に政策あれば下に対策あり」で、それぞれ苦心して、一部の塾は継続されている。

南方に住む友人の子どもは中学1年生になる。こちらも同じく、それまで通っていた有名な学習塾チェーンはなくなったが、目立たない場所で、教師が一人でやっているこぢんまりとした塾に密かに通わせている。

「万が一、当局の人が教室に取り調べに来たら、『自主的に集まって宿題をやっているだけだ』というように、子どもにはいい聞かせています。オンラインの授業もあって、そちらは大丈夫だと思いますが、正直、ヒヤヒヤしています」

中国の親たちが子どもたちを隠れて塾に通わせるのは、2021年7月、中国政府が「双減政策」を発表したからだ。「双減政策」とは「宿題を減らす」「学外教育（学習塾）の負担を減らす」という2つを実施する政策のことだ。

小学1～2年生は筆記の宿題はなし、3～6年生の宿題は1日60分以内、中学生は1日90分以内にできる範囲と規制された。

小中学生向けの学習塾の新規開設を認めず、既存の塾は非営利団体として登記させた。政府は、過熱する受験競争や塾の業績争いを抑制し、子どもの負担を減らすのが目的だと説明している。

中国の教育産業の市場規模は約10兆円を超えており、中には悪質な広告表示や高額な授業料により暴利を得る学習塾チェーンもあるとされていた。

政策決定から1カ月後、北京市では、違法な運営をしていた63の学習機関を閉鎖させ、計300万元（約5300万円）以上の罰金を命じたと発表したが、保護者の話にもあるように、塾側が慌てて自主的に閉鎖したケースも多い。

勉強時間への介入はナンセンスだが、ホッとする面も

2021年8月、政府は「共同富裕」の方針を発表した。双減政策もその一環である。「共同富裕」とは貧富の格差を是正し、社会全体を豊かにするという政府のスローガンだ。

1953年に毛沢東が最初に提唱した。78年に改革・開放路線に舵を切った鄧小平は「先に豊かになれる者から豊かになる」ことを目標にする「先富論」を唱えたため対比されがちだが、鄧小平自身も「共同富裕」を最終目標に掲げていたとされる。

2021年11月の第19期中央委員会第6回全体会議（6中全会）で毛沢東や鄧小平に続く第3の「歴史決議」を採択した習近平氏にとって、「共同富裕」は是が非でも実現させた

い。目をつけられるのは、格差がとくに激しい教育、不動産、巨大IT企業、芸能界などである。

突然の塾の閉鎖について、前述した南方在住の友人は賛否両論あるという。

「実情を理解している人は、単に塾の規制だけでは意味がない。受験改革も同時に行わなければ世の中は変わらない、といいます。裕福で教育熱心な保護者ほど反対しています。勉強しなければいい学校に入学できないし、いい学校に入れなくても、誰も責任を取ってくれない。政府が勉強時間を減らせと介入するのはナンセンスだと考えているのです。

しかし、賛成する声もあります。子どもを高額な塾に通わせる経済力のない家庭です。これまで教育格差に不満を感じていましたから。この不満を解消するという意味では、いい政策なのでしょう。

でも、一部の教育熱心な保護者からも、『賛成の気持ちもある、正直ホッとした』という話を聞いたのは意外でした。毎晩子どもの勉強に付き添うのが大変だったのです。

宿題が終わったら、保護者と教師で構成する30~40人のクラスのSNSグループに『午後10時51分、ただいま終わりました』というように、いちいち報告しなければならない学校もあります。宿題の内容を確認、添削するのも保護者の役割です。夜遅くに宿題を終えると、親子ともどもグッタリですよ。

だから、宿題が減ったことについて、表向きは反対、内心では賛成という人もいて、簡単に『こう思っている』と一言ではいえないのです」

教育改革の裏に垣間見える「政府の意図」

中国の民間教育機構が2018年に発表した報告によると、2016年から2017年までの小中学生の自殺は267件あり、最も多い理由は家庭内のトラブル、次が学習ストレスだった。

2017年、中国の教育プラットフォーム「阿丹題」(afanti)が発表した調査報告によると、中国の小中学生が宿題に要する時間は1日平均で2・8時間と世界で最も長く、日本(0・76時間)の3・7倍だった。

北京大学と協力して研究を行う医療機関の調査でも、青少年の自殺原因の約半数は「学習圧力」だ。2021年、江西省や陝西省などで小中学生の飛び降り自殺が相次いだが、遺書には「努力しても永遠に終わらない宿題がある」「宿題のない世界に行きたい」などと書かれていた。

「政府の双減政策は一見唐突なようで、実はかなり計算されていると思います。これは国家に大きな影響を与える教育改革の序章、まだ入り口の段階の政策だと思います。いずれ、『高考』の改革にも着手するかもしれません」

こう語るのは上海に住む男性だ。高校生と中学生の子どもがおり、自身も教職に就いていて、大学生との接点が多い。彼は語る。

「1990年代半ば以降、政府は経済の高度化を図る目的で、大学入学者の定員を大幅に増やしてきました。その結果、大学進学率は大幅にアップ。その代わり、卒業後の学生と企業のミスマッチが起こり、就職難が生じました。

また、以前と違ってあまり勉強しない大学生も増えました。それでも大学に進学したので、プライドは一人前に高くなり、有名企業でなければ就職したくないという学生もいます。新卒者は約1000万人もいますが、その人たちの中で希望通りの職に就けるのは一握りです。

一方で、労働集約的な仕事は人手不足が深刻。内陸部がある程度豊かになり、農村の若者が、以前ほどは都会に出てこなくなったからです。政府が農村振興策を実施し、農民工（出稼ぎ労働者）が農村にUターンしていることも関係あります。しかし、誰かがそういう仕事をやらなければならない。社会構造のミスマッチが起きているのです。

高等教育は誰もが受ける権利がありますが、誰もが大学まで行く必要はなく、本人の能力や適性も考えなければなりません。政府は去年（２０２０年）から大学ではなく専門学校への進学を奨励しており、技術分野で活躍できる人材を育成しようとしています。私は教員ですが、こうした方針には大筋で賛成です」

貧困の連鎖で、家庭教育を受けない留守児童

２０２１年10月、子どものしつけなど家庭教育の充実を保護者に求める「家庭教育促進法」が成立。２０２２年１月から施行された。家庭教育への保護者の意識向上を目的としたものだが、子どもの著しい不良行為に関しては、政府が訓戒を行うこともできると定めている。

双減政策やゲーム禁止令などは、日本人の目から見ると「なぜ、そこまで政府が子どもの教育や日常生活にまで干渉するのか？」と不思議に思うだろう。だが、そこには中国の極端すぎる家庭教育や中国特有の事情が関係している。

ある中国人は、カフェで、小学5～6年生くらいの娘に母親がご飯を一口ずつ食べさせてあげている光景を目にした。

「驚きました。娘は当然といった感じで食べていて、手元には分厚い参考書がありました。いくら勉強が忙しいといっても、その年齢で親にご飯を食べさせてもらうなんて信じられない。一体この親はどんなしつけをしているのでしょう」

私も以前、同じような話を聞いたことがある。比較的富裕層で、教育熱心なあまり、「とにかく勉強が大変。だから勉強以外、すべて親がやってあげなくては」と思う親がいるのだ。

食事の例は極端だが、靴ひもを結んであげる、通学の際に重いカバンを持ってあげる、などは珍しくない（誘拐の心配があるため、小学生の登下校は親や祖父母、家政婦の同行が一般的）。

一部の都市では、大学受験が近づくと、親が子どもの高校のすぐ近くに別宅（マンション）を借りて、母子2人だけ移り住むこともよくある。「通学の時間が無駄。深夜まで勉強しているので、通学はしんどくてかわいそうだから」（知人）というのが理由。この知人親子は窓から高校が見えるマンションに1年間住んでいたが、それを特別なこととは考えていなかった。「だって、皆やっているんですから、やらなければ息子がかわいそう」と話していた。

「皆やっている」「他の家庭には負けられない」という理由で、教育熱は年々過剰になった。隣の家が1時間1000元（約1万7800円）の英語の家庭教師を雇えば、1時間1500元（2万6700円）の家庭教師を頼まないと不安になってしまう、という話も聞いた。

このような親に育てられれば、「勉強さえやっていれば、何をしてもいい」と思い込み、親を家政婦代わりに使ったり、身勝手な振る舞いをしたりすることがある。

「親だけでなく教師や学校側にも問題がある」と指摘する中国人もいる。コロナ前のことだが、「うちの子どもの小学校では、テストの成績がよい子に先生がお小遣いを与えていました。わずかな金額ではあるのですが、これはよくないですよね」というのだ。

さらに「中国では日本のような給食や掃除当番がなく、皆で協力して何かを行う機会がないことも、勉強ができる人が偉いのだ、という風潮に拍車をかける。だから、勉強以外、何もできない子、成長過程で問題がある子が増えています」という。

一方、中国政府が気にかけていた貧困層では、現在はほとんどの子どもたちは学校に通っているものの、学習塾に通う経済的余裕はなく、そもそも学習塾がない農村も多い。また農村では両親が出稼ぎに出ているため、祖父母しかいない家庭も多い。

このような子どもは「留守児童」と呼ばれ全国に6000万人以上もいると推定される。祖父母も生活に精一杯で、しつけにまで気が回らない。両親は1年に1～2回くらいしか帰ってこないため、しつけもできず、社会常識は教えられない。むしろ、たまにしか会わないため、子どもに甘く、生活が厳しくても、無理して金品を与えてしまう。

また、貧困層の場合、両親自身もしっかりとした家庭教育を受けずに育っていることもあり、子どもに何が正しくて、何が間違っているのかを教えられない「貧困の連鎖」の問題も生じている。

さらに、中国では30年以上も実施した一人っ子政策も、家庭教育に少なからず影響を与えてきたという側面があり、これが、政府がしつけの問題にまで介入に乗り出さざるを得ない背景にある。

レベルが向上する私立学校の入学選抜方式

教育分野では、ほかにも社会の転換につながるような「変化」が次々と起きている。2021年9月、子どもが私立の小学校に入学した中国人から聞いたエピソードを紹介しよう。

中国でいわゆる「いい学校」とされるのは、政府が資金を投入する国立の重点学校（小、中、高校、大学）で、全国的には教育レベルの高い私立学校は少ないが、「上海だけは別で、私立のいい学校が増えている」という。その中国人は英語教育にとくに力を入れている私立校に子どもを入学させようと準備してきたが、2021年度の入学制度に変更があった。

「面接と筆記試験がなくなりました。競争の激化を避けるためだそうです。以前は教育レベルの高い親の子が入学する確率が高かったのですが、できるだけ平等にするために、抽選になったそうです。抽選は入学半年前の4月に行われ、うちの子は運よく当たりました」

学費は1年で約3万7000元（約66万円）。私が知る限りでは、中国の私立としては平均か、平均より安いほうだ。教師の質が高く、今のところ親子とも満足しているというが、そのあと、その人は興味深い話を切り出した。

出身地と、戸籍と進学先の関係

切り出されたのは、この人の戸籍と子どもの教育に関する話だったのだが、その前に、中国の戸籍制度について説明しておこう。詳細は拙著『なぜ中国人は日本のトイレの虜になるのか？』（中公新書ラクレ）で書いたが、簡潔にいうと、中国人の戸籍は主に都市戸籍（非農業戸籍）と農村戸籍（農業戸籍）に分かれていることが背景にある。

上海市や北京市などの大都市の都市戸籍は、さらに個人戸籍と団体戸籍に分かれている。上海市の場合、個人戸籍は上海出身者が入ることができ、それ以外、進学や就職などにより上海に移り住んでいる人は団体戸籍である（この団体戸籍も3つに分かれているが詳細は省く)。この人と配偶者はともに地方出身で、上海の団体戸籍に入っている。

団体戸籍でも、上海出身者とほぼ同じ社会保障などを受けることはでき、日常生活に問題はないが、子どもの進学に関しては、両親が団体戸籍のままでは支障が出る。子どもを大都市の国立の学校に入学させるには、個人戸籍を取得しなければならない。

政府の規定では、上海市の個人戸籍を持つには「自分名義の住所を持つこと」、つまり不動産の取得が必須とされている。地方からの出稼ぎ労働者が、子どもを故郷の祖父母に預けて離れ離れになるという話が報道されるが、こうした規定の影響があるからだ。

だが、2021年夏、政府は、不動産を持っていない団体戸籍保持者でも、子どもを大都市の国立の学校に入学させられるようにするという大きな方針転換を発表した。今後、実施される方向だ。

「私はまだ上海に不動産を持っていません。資金の問題ではなく、上海の企業に勤務して数年しか経っておらず、不動産を購入できる条件を満たしていないからです。上海市では一定期間納税しないと不動産を購入できないというのがこれまでの決まりでした。

ところが、不動産がなくても、地元の学校に入学させられるとなって、ホッとしました。

ただ、いずれにしろ、うちの子は国立のいい小学校には入学できないと思っていました。いわゆるいい学校がある地区（学区）の不動産は『学区房《シュエチーファン》』と呼ばれ、価格が年々高騰しています。地元出身の親たちは、学区房の不動産を購入し、引っ越している人が多いですが、周辺には当然、賃貸の不動産なんてありません。我が家の周辺にもいい国立学校がなかったのです。

このような理由もあって、私立校に挑戦しました。上海出身者の場合、子どもが生まれる前に学区房に引っ越して備えられるのですから、私たちとはスタートラインが違います。これは不公平です。（新しい政府方針は）私たち夫婦のように、上海市のエリート層と同じ仕事をしているのに、出身地による差別を感じていた人々にとってよいことだと思います。

ただ、最近、別の話も聞きます。地元出身の富裕層では、国立の重点学校よりも私立に行かせたいと考える人が増えてきたのですが、私立も人気で、彼らが抽選に外れた場合、国立のいい学校には行けない仕組みになっています。

抽選は1回で、もし私立に落ちたら、1ランクか2ランク下の国立学校に行かせるしかなくなってしまう。そんなリスクは負えないということで、むしろ上海出身の富裕層のほうが私立の受験にチャレンジしにくい、という話でした。

今回、私たちがたまたま知ったように、競争の激化を避けるという目的で私立の受験が抽選になったのは大きな前進だと思います。

でも、中国の場合、教育ひとつとっても、不動産や戸籍など、まだ改革途中にある社会のさまざまな問題が絡んで非常に複雑なのです。一口に格差を是正するといっても一筋縄ではいかない、とても厄介で難しい問題です」

学校のレベル均一化方針に分かれる意見

これらの国内事情は、地域差や個人差がある上、非常に複雑な話なので、日本など海外で報道されることはほとんどない。だが、中国人一人ひとりの生活や人生には重大な影響を与えている。

この中国人のように、個人戸籍がなく、賃貸マンションに住んでいる夫婦の子どもが国立や私立の学校に入学できるようになることで、「不公平感はかなりなくなる。学区房の相対的価値は下がっていくのではないか」と予想する中国人もいる。

「学区房の値段が高いのは、そこにずっといい学校があり続け、絶えず需要があり、値下がりする要素がないからですが、そうした不動産の問題も教育格差と一緒に、一気に解消しようという政府の目論見があります」

こう話すのは、北京在住で教育関係の仕事をしているある男性だ。

「政府の方針で今後、各学校のレベル均一化のため、教師と校長の定期的な転勤（6年に1回程度）が行われるということです」

この男性の話を聞いて、調べてみたところ、2021年8月、双減政策の中に、確かにそうした内容が明記されていた。しかし、この男性は疑問も口にする。

「10年以上前の2010年に発表された政策にも、教育の均一化のために各地で教師、校長の交流制度を実施しなければならないと書いてあり、これまでも転勤はありました。でも、実際は北京市内のいくつかの区だけで形式的に行われていたり、分校がある学校の間だけで行われたりしていて、本格的な転勤が実現していたとはいい難いものでした。

ご存じのように、中国の都市と農村の教育格差は大きく、この格差を是正すべきというのは多くの人が痛感していることです。学校間のレベルの差もそうです。しかし、そうした正論がある反面、反対意見も多くあります。

政府は教師の転勤（人事異動）が必要で、レベルの均一化を図るべきとしつつ、重点校のランキングは依然として存在し、重視され、重点校には資金を投入し続けています。

日本の公立学校では、教師の待遇は同じ地方自治体の中ではほぼ同一で、遠隔地や離島などでは特別手当などもあると聞きますが、中国では逆で、教師は公務員でありながら、各学校に所属する「社員」のような形となっており、給料も学校によってかなり差があります。

重点学校は、もちろん指導力の高い教師を手放そうとせず、教師も、待遇のいい学校に勤務し続けたい。中国では『高考』のとき、どの高校から難関大学に何名入学したかが発表され、教師も表彰されます。そのため、教師はレベルの低い学校に転勤したがらないのです。

学区房は、学校のレベル均一化問題と非常に深い関係にありますが、もし学区房の価値が下がっていく状況になったら、喜ぶ人もいる反面、不満も起きると思います。

学区房を所有する親は、子どものために学区房を買いますが、子どもが卒業した後は高く転売し、さらに（不動産価値の）高いところに転居しようと考えています。つまり二度おいしい学区房の価値が低下することに対して、根強い反発があるのです」

戸籍による差別の解消や、農村の教育レベル向上によって格差を是正することは、間違いなく正しいが、学校のレベルの均一化については、その影響をめぐりさまざまな見方があるだろう。だが、いずれにしろ、教育格差をめぐっては中国国内に大きな不満の種、意見対立の構造があることがわかる。

不動産のローンに縛られたくない若者たち

中国人にとって不動産は非常に重要な存在である。

もともと職場である「単位《ダンウェイ》」からただ同然で与えられていた住居を安価で払い下げられ、1990年代以降、初めて自分の不動産を手に入れた中国人にとって、値上がりし続ける住宅は「金のなる木のようなもの。住むためではなく、投機の対象、転売することが常識だと思っている人は非常に多かった」（上海在住の中国人）。

中国人の資産がなぜこれほどまでに増えたのかといえば、不動産市場の過熱が背景にある。

不動産価格は、これまで一般的な中国人の年間所得の7〜8倍、都市部では20倍といわれ

経営危機に陥った中国恒大集団のビル　（広東省深圳市、共同提供）

ており、長い間、不動産バブルは続いてきた。

中国の不動産シンクタンクの易居不動産研究院のデータによると、主要50都市の住宅価格は２０２０年に平均年収の13倍になり、深圳市では40倍、上海市は26倍になった。だからこそ「金のなる木」だったわけだが、２０２１年８月、政府は不動産規制を発表。過熱した不動産市場を抑制するための政策を次々と打ち出した。

10月には、一部地域で不動産投機や住宅価格の高騰を抑制するため、不動産税の導入を決定した。

中国恒大集団の債務問題も、不動産規制が引き金だったことはよく知られている。

都市部で取材した中国人たちは「恒大の問題は自分に直接関係がない」と話す人が多かったが、地方出身の若者に聞くと、「不動産にはあまり興味がない」という意外な声も目立つ。前述したように、地方出身者が大都市で不動産を購入することはそもそも規制されていたし、自分たちには無関係だと思っていたからだ。

都市部出身者には、親が購入した不動産が2～3軒あるという人が数多くいるが、地方出身者は早々に購入を諦めて、その資金を他のレジャーなどに当てている。

経済成長が著しい中国では、転勤などにより地方から都市部への人口流入が増えており、近年、都市部では不動産を購入しない人（できない人）に向けた賃貸物件市場が出来上がりつつある。

「不動産ローンになんて縛られたくない。男性だから結婚の際に不動産を購入しなければならないなんていう考え方はもう古い。夫婦で共働きして、身の丈にあった賃貸物件に住みつつ、もっと自分たちの好きなことにお金を使いたい」（吉林省出身で上海在住の夫婦）

このように考える若者が急速に増えている。

なぜ芸能人への規制が強まっているのか

政府は「報酬、税制、寄付」の3分野を通じて、格差是正のため所得分配を促しており、富裕層や成功企業に「より多く社会に還元することを奨励する」と寄付を呼び掛けている。

この方針を受けて、巨大IT企業のテンセント、アリババ、ネット通販のピンドゥドゥなどが、低所得者支援や社会貢献、多額の寄付などを行うと次々と発表した。

政府がIT企業への統制を強めていることから、企業は政府の圧力を避けようと必死だ。学習塾チェーン最大手といわれ、双減政策で打撃を受けた「新東方」は、閉鎖した約1万5000カ所の教室で使用していた学習机と椅子、約8万セットを農村の小中学校に寄付すると発表した。

2021年11月11日の「独身の日」セールでも、最大手のアリババは取引状況に応じて寄付を行ったり、貧困家庭への支援を打ち出したりするなど、社会貢献に取り組む姿勢をアピールしている。

芸能人やインフルエンサーなどの有名人や富裕層に対しても規制や締め付けが強まってい

る。

2018年、日本にもファンが多い女優の范冰冰《ファンビンビン》が巨額の脱税容疑などで8億8000万元(約156億円)の支払いを命じられ、その後、趙薇《ジャオウェイ》、鄭爽《ジェンシュアン》なども同様に罰金の支払いを命じられた。ライブ配信などで大人気となったインフルエンサー(KOL)と呼ばれる人々も同様だ。

こうした動きに対して、中国の芸能関係、日本の放送業界ともつながりがあるという中国人男性に意見を聞いた。

「芸能人への規制強化について、私は大賛成です。多くの国民が、『スカッとした、いいことだ』と思っているのではないでしょうか。なぜなら一流芸能人のギャラが桁違いに高すぎるからです。

以前ある日本人が中国人の友人に、日本の映画の製作費は7000万~8000万円のものもあるというと、『それはドラマですか。金額があまりにも少なすぎる。信じられない』といわれたそうです。

中国の映画の制作費が高いのは、スケールが大きな作品でないと評価されにくいという以外に、出演者のギャラが高いからです。高すぎるギャラをもらいながら脱税するなんて許せない、芸能人ばかりがいい暮らしをしている、という不満の声は大きいと思います」

50代の中国人女性もいう。

「今の中国では中間層以上の人には大きな不満はありませんが、経済的に恵まれない人々の中には、富裕層を憎んでいる人もいます。でも、その不満は政府にはぶつけられない。ぶつけたら危険な目に遭いますから。そういうとき、芸能人や富裕層は恰好の標的となります。だから不満の捌け口として、彼らのSNSにひどい書き込みをする人も多いです。日本では芸能人に恨み辛みをぶつける人はそこまで多くないと思いますが、中国ではすごいですよ」

ゲーム規制などについても同様で「保護者たちは子どものゲーム中毒に頭を抱えていました。だから、ゲーム時間について規制をかけることも歓迎です」という。

別の男性は「今のさまざまな規制について、日本では、そんなことまで政府が介入するのかと思う人がいるかもしれません。でも、中国では半ば強制的にでも規制しなければ歯止めがかからなくなることがあるのです」と、政府の政策を評価した。

第二の文革？ それは日本人の願望では……

その男性は続ける。

「もし、今のやり方に対して、国民からの反発が高まりすぎると政府が判断したら、ここまでのことはやりません。政府は世論をものすごく気にしていますから。ここは日本とは大きな違いだと思います。

日本では、中国政府は国民のことなど考えず、何事も強引に推し進めるというイメージを持っている人がいるかもしれませんが、政府は、この政策は国民からある程度支持されるだろうとわかっているから、やっているのです。

もちろん、一時的に、どこかで痛みは伴います。塾の経営者や利益が大きい業界、一部の層にとってはけっこう大きな痛手でしょうが、社会全体のことを考えたら、致し方ないというか、むしろ歓迎だと半数以上の中国人は思っているのです」

選挙で政権を選択するという政治制度が実質的に存在しない中国では、かえって世論の支持を得られなければ、政府の正統性について国民から認められない、ということだ。

さらに、数人の中国人に「日本では、今の富裕層や大企業をターゲットにしたやり方は『第二の文革（文化大革命）』だと報道する向きもあります」という話をしてみた。

文化大革命は1966年から1976年まで続いた大規模な権力闘争だ。毛沢東が主導し、紅衛兵と呼ばれる若者を扇動して、全国で文化財を破壊したり、知識人や、毛と対立する政治家を迫害したりして、数多くの犠牲者を出した。

「共同富裕」も格差是正、とくに巨大IT企業や資産家をターゲットにすることから、日本のメディアには「文革を彷彿とさせるやり方」とする論調もあった。ある女性はこういう。

「『第二の文革』ですって？　全然違う。笑っちゃう。今の中国でそんなことが起きるわけがない。それは日本人の願望ではないでしょうか。日本人は中国で『第二の文革』が起きてほしい、また中国社会が混乱に陥ってほしいと思っているのではないですか？」

この女性はしばらく笑っていた。大げさに笑っているのではなく、本当に驚いている様子だった。別の人たちも、同じく「そんなことはない」「それはいいすぎだ」という。

「既得権益がある富裕層の間では、何が起きるかわからない、どこで仕返しされるかわからないと思い、留学している子どものところに資産を移すとか、リスクヘッジを急いでいる人もいることはいます。でも、特別に目をつけられている業界の人であったり、カリスマ的な人気のある人以外は大丈夫ですよ」と語る人もいた。

「自由すぎる制度」から計画経済への回帰へ

ある女性はいう。

「中国は文革の頃に戻るのではなく、1949年の建国のときに、少しずつ時計の針を戻そうとしているのではないか、と直感しています。つまり、計画経済の時代に戻っていくという意味です。

この十数年、政府は国民にあまりにも自由にやらせすぎて、経済は発展したけれど、社会には不公平が生まれ、あらゆる面でバランスの悪い格差社会になってしまいました。それを正して、建国の理念に掲げたような、公平な社会にしていくことが究極の目的ではないでしょうか。

お金を儲け過ぎた企業は寄付をして社会に還元する。これは当たり前のことだと私は思います。これからきっと、政府の管理が及ぶ国有企業が増えていくと思います。

最近では公務員試験の受験希望者も増えていると聞きます。中国でかなり公平なのは高考《ガオカオ》（大学統一入学試験）と国考《グオカオ》（国家公務員試験）だからです。

民営企業は一時的にお金が儲かるかもしれないけれど、何が起こるかわからない。それならば、給料があまり高くなくても、安定した職に就きたいと考えている人が多いようです。

噂では、政府が『共同富裕』を何十年かかけて進めていく上で、これから安月給だった公務員や労働者の所得を上げていくという話もあります。かなりの職業の収入差がなくなる、平等に近い社会です。そのため公務員を志望する人が増えているのかもしれません」

なぜ中国国民は、政府方針を支持するのか

その女性と話したあと、2021年11月末、毎年行われる中国の国家公務員試験の受験者数が過去最多の212万人を超え、倍率は68倍になったという報道があった。公務員試験の受験者は毎年増えているが、2020年は約157万人だっただけに、急激な公務員人気の高まりが注目された。

ネット上には「やはり鉄飯碗《ティエファンワン》こそ最高だ」という書き込みもあった。鉄飯碗とは「割れな

い鉄でできたお椀＝絶対的に安定している」という意味で計画経済時代によく使われた言葉だ。その女性は続ける。

「中国はたった一晩で変わる国です。中華人民共和国が建国される1日前、つまり1949年9月30日まで、中国には日本と同じような私立学校もたくさんあったのです。のちに大部分が北京大学に移管された燕京大学というアメリカ系の学校も私立学校でした。それが建国後になくなってしまった。

いろいろなことが一夜で変わったのです。あの頃に比べれば、今のやり方はまだましだと思えます。突然変わることを外国の人は『怖い』と思うでしょうが、何事も一気にやることは、逆に公平。例外は認められないので。そこまで強制的にやらないと、この巨大な中国は変わることができないのです」

別の男性はこう語る。

「なぜ中国で大きな反発が起きていないかというと、政府がこの巨大な国のマイナス面を何とかしてプラスに変えようと努力していることを感じ取っているからです。この国を変えていこうというメッセージは国民も共有している。それがわかっているから、国民はついていっているのだと思います」

共同富裕政策は、「社会主義的」だとして、中国の成長を支えたＩＴ関連をはじめ巨大企業などの競争力を削ぎ、中国経済に大きなダメージを与えるという見方も日本にはある。だが、自由競争の「弊害」として、多くの国民に不満が溜まっているのは確かだ。

もちろん私に話してくれた人々の声は、「外国人に対して」という意味である程度、割り引かなければならないのかもしれない。だが、最後に話してくれた男性のように、政府が巨大企業や富裕層に対する不満を汲み取り、格差解消に向けて取り組んでくれている、と前向きに受け取る中国国民は少なくない。そのことを私たちは知っておくべきだろう。

第4章

ナショナリズムが高まる必然

SNSで日本を賛美すると、批判が殺到する

東北部に位置する遼寧省大連市。2021年8月末、日本との縁も深いこの地に『盛唐・小京都』が開業した。

総面積は約63万平方メートル。京都と唐の時代の街並みを再現した広大なエリアで、中国企業と日本企業が共同で開発。約60億元（約1068億円）もの資金が投じられたビッグプロジェクトで、観光客らに人気の観光スポットになると期待されていた。

だが、開業から1週間で営業休止に追い込まれた。原因は、開業直後からネット上で始まった猛批判だった。

「これは日本の文化侵略だろう」「かつて侵略された歴史を忘れたのか！」「大連に日本風の街並みを作るなど、中国に対する侮辱だ」……。

中国のSNS、微博《ウェイボー》に過激な批判が大量に書き込まれた。大連在住の知人が語る。

「あの場所で日本の商品しか販売できないというデマがきっかけでした。当局はすぐに否定したものの、批判は拡大してしまいました。中国人が敏感になる9月18日が近づいていたこ

大連市の『盛唐・小京都』プロジェクトの一角　（筆者の友人撮影）

とも関係していたとみられます。ＳＮＳ上に書き込みをした多くが若者だったようです」

９月18日は満州事変の発端となった柳条湖事件が起きた日で、中国では「国辱の日」。中国人は誰もがその日を脳裏に刻んでいる。２０２１年は柳条湖事件から90年という節目の年で、中国メディアでは早い段階から大々的に報道されていた。

中国共産党１００周年も重なり、政府は国威発揚につながる言葉で国民を煽ってきた。そうした社会の「空気」が営業休止に関係していたのではないか、と見られている。

しばらくして、同プロジェクトは名称から「京都」を外し、日本の色合いを薄めた形でひっそりと再開されたが、この一件からもわかる通り、2021年以降、とくに若者を中心にナショナリズムが高まりを見せている。顕著に現れたのは東京五輪だった。

開会式から「ダサい」「貧弱」などとSNS上でケチをつける投稿が目立った。卓球の水谷隼選手と伊藤美誠選手のペアが中国ペアを破って金メダルを取ったとき、男子体操の橋本大輝選手が金メダルを獲得して中国選手が敗れたときにも、「日本選手が八百長をしている」「日本はずるいやり方をしたから勝てた」などという批判が殺到した。

同じく8月、中国の有名俳優、張哲瀚《ジャンザーハン》氏が、以前、東京の乃木神社で行われた友人の結婚式に参列したことや、靖国神社内で撮影した写真があることなどが批判されて炎上。張氏は厳しく糾弾され、芸能界からの事実上の追放に追い込まれた。

例年8月から9月にかけて、日中の「敏感な日」が続くが、2021年は、ここ数年にはない反日的な雰囲気が漂っていた。ある在日中国人インフルエンサーは声を潜めていう。

「少し前まで、日本の景色や食事、日本人の優しさ、繊細さなどを紹介するコンテンツは、中国人にとても人気がありました。でも、今年（2021年）はちょっと違います。日本など海外を褒めること＝中国を貶《けな》すことだと曲解され、ときには猛烈な批判を浴びてしまうのです。よほど注意をしないと、足元をすくわれてしまいます」

このインフルエンサーによると、ただ日本の美しい観光地を紹介しただけなのに、「中国には日本よりもっとずっと美しい観光地がある」と指摘されたことがあるそうだ。

日本の商品の品質やデザインを褒めると、「あなたは日本のものを売りたいから、過剰に評価しているだけだろう?」とか「なぜ、日本のいいことしかいわないのか?」などと批判されることも増えたという。それは、「彼らが心から『中国は偉大な国だ』と信じていて、排他的になっているから」だとこのインフルエンサーはいう。

2012年の反日デモのように、自分の境遇などに不満を抱えているから、不満の矛先を「日本」に向けるのではなく、自分たちの国はすばらしいのに、それがなかなか世界から認められないことに不満を募らせ、海外のいい話は聞きたくないと感じているようだ。

このような傾向は、中国の経済成長が勢いを増した数年前から始まっていたそうだが、「コロナ禍をきっかけに、一層強まったように感じます」(同)という。

日本に住みながら、日本人と接点を持たない人々

日本に対する「上から目線」は中国のSNSの投稿でもしばしば目にする。

「ごく一部ですが、たとえば、在日中国人がシャインマスカットを食べている動画を投稿する際、『日本のスーパーでよく見かけるが、日本人は貧しくなったから、こんなにおいしくて高級なシャインマスカットはめったに買えない』と書く人や、日本人がスイカの皮まで捨てずに食べている動画を投稿して、小バカにする人もいます。

動画を見た人は本当だと信じ込んでしまう。日本を侮辱する投稿を見て、気分がよくなり、『いいね』がたくさんつきます」（同）

中国在住者による「上から目線」の投稿もあるが、厄介なのは日本在住者の投稿だ。前述のインフルエンサーによると、このような投稿をする同業者（インフルエンサー）には、以前、中国在住者向けに代理購入（略して代購《ダイゴウ》と呼ばれるCtoCの個人販売）などインバウンド関係の仕事で小遣い稼ぎをしていたが、コロナ禍で仕事が激減した人がいる。新たな収入源として、日本を貶《おとし》める動画が中国でウケることに気がつき、たくさん投稿して収入に結

びつけているのではないか、と推測する。

残念なのは、そのような投稿をする人々は、日本に住みながら日本人との接点が少ない場合が多い、ということだ。日本語もあまり話せず、日本人の友人もおらず、日本社会への理解も十分ではない。「あくまでも中国人目線で日本を見ている人たち」（同）だ。

余談だが、埼玉県川口市の「芝園団地」のように、4000人以上の中国人が集住する地域などでは、日本語を話さなくても不自由はない。近年はそうした地域以外でも、SNSの発達で、在日中国人同士で助け合えるため、日本語をあまり話せなくても問題ない。また、このような投稿に「いいね」をつけて喜ぶ中国人も「日本に一度も行ったことがない。日本のことをよく知らない人が多い」という。

この話を聞いて、日本人の中国に対する投稿とまったく同じだと感じたが、双方ともに、コロナ禍でネット利用が増え、ネガティブで過激な投稿に快感を覚え、加勢する人々が増えているのかもしれない。

前述のインフルエンサーも「日本の地方で、おばあちゃんに親切にしてもらったとか、ほのぼのする投稿も一定以上の『いいね』はもらえます。でも、その数は過激な悪口の投稿には敵いません。日本については、すでに中国にも情報があふれていて、めったに見られない絶景であっても、珍しい食べ物でも、既視感がある。

情報過多な中で、日本の本当にいいところを紹介するのは大変。きちんと調べて、深いところまで紹介しなければ納得させられないのですが、それが『いいね』に結びつくかどうかは別問題。だから、安易に儲けられるほうへと傾いてしまうのだと思います」と話していた。

「アメリカ程度の民主主義ならいらない」

先述したが、コロナ禍をきっかけに、中国人の海外を見る目は大きく変化している。

コロナ禍初期の2020年前半は、武漢から感染が拡大したと海外から猛烈な批判を浴びたが、中国でコロナが収束していく一方で、世界各国で猛威をふるう。封じ込めが当局の功績であるという政府の宣伝も繰り広げられ、ゼロコロナ政策を継続している。

多くの中国人が「コロナを抑え込むことで、自信がついた」と語る。欧米や日本ができなかったことを、人口が14億人もいる中国は成し遂げられたと考え、「これまで母国（中国）

に自信が持てなかった人たちが、初めて自信を持つきっかけになった」（ある中国人）という。

同時に「今までずっと高みにあると思っていた欧米や日本などが、実はそれほどではないと感じ、『アメリカはたいした国ではなかった』、『民主主義の国は、あの程度か』と思った人もいた」ようだ。「アメリカ程度の民主主義ならいらない」とまで口にした人もいた。

政府もメディアを使って「中国政府がいかにコロナ対策に成功したか。（その引き合いとして）欧米のコロナ対策はいかに失敗したか」を宣伝し、彼らがそのように信じるように仕向けている。自国礼賛と欧米批判の反復が、中国人の考え方に大きな影響を与えている。

何人かの中国人にアメリカのコロナ対策について聞いてみると、こんな答えが返ってきた。

「ここまでアメリカが無能だとは思わなかった。コロナによって、アメリカの化けの皮が剝がれた」「もう強いアメリカというイメージは完全に崩壊しました」

コロナ前は「強大なアメリカ」に一目を置き、心のどこかで憧れの気持ちを抱いていた中国人もいたが、コロナ後は「そういう気持ちはなくなった」という人が少なくない。

ある中国人男性だけは「（さまざまな面で先進的だった）アメリカなど外国からいろいろなことを学ぼう、といった謙虚な気持ちすらも薄れて、中国人は傲慢になっている」と危機感を口にした。

おそらく、口に出さないまでも、冷静で鋭い感性を持った中国人には、この人と同じように、今の風潮を好ましくない、危ない方向に向かっている、と思っている人もいるだろう。ただし、過激なコメントが目立つSNSに、こうした冷静なコメントを書く勇気はない。

それに、「自分たちは深夜のPCR検査にも文句をいわず、よくがんばっているではないか、と自分たちを労いたい気持ちもあって、そういうことはなかなか口にできない」（同）。

若者のナショナリズムに危うさを感じる人も

中国経済が台頭し、世界に与える影響力が大きくなり、アメリカに匹敵する国になったことも大きく影響している。

「中国はGDPで世界第2位の強国になり、1位も視野に入っています。アメリカに妨害されていますが、いずれは超える。昔は逆立ちしても、経済力では欧米や日本には敵わなかった。だから、常に腰を低くして黙っていた。何をいわれても、中国人はただ我慢するしかなかった。

でも、今、我々にはアメリカと対等になったという自負がある。中国がなければ経済的に困る国は多いでしょう。ここまでの国になったのは現政府のおかげ。以前はバカにされたままだったけれど、今はきっちりというべきことはいう、という気持ちです」（40代の女性）

実際、そこまで自信を持っている人がどれくらいいるかはわからない。私の知る限り、前述したように、現状に危機感を抱いている人もいる。

2021年12月31日、新年を迎えるに当たり、習主席が行った講話をテレビで見る若者たち（筆者の友人提供）

彼は「今の若者のナショナリズムには危うさを感じます。自分の国しか知らず、外国から嫌われていることすら、あまり実感していない。アメリカの若者の中にも自国から一歩も出たことがないのに、勝手に『アメリカ最強』と思っている人もいる。それと同じかもしれません。相当危なっかしい世代が育とうとしていると感じます」と話す。

しかし、40代のこの女性は「少なくともコロナ禍以降、アメリカの『上から目線』には反発を覚える人が増え、日本を『上から目線』で見るようになった人が確実に増えたと感じています」と話していた。

習近平思想の教科書、その内容とは

2021年9月、新学期を迎えた中国の学校の一部で、習近平思想の授業が開始された。これまでも毛沢東思想や鄧小平理論など、歴代指導者の政治理念が党の憲法である規約に記されたことがあり、習主席の思想も同様だ。「習近平思想」について書かれた教科書を使う目的は、文字通り、若者たちに習主席の思想を浸透させることにある。

中国のサイトで小学生向けの教科書を見ると、正式には「習近平新時代中国特色社会主義思想学生読本」（習近平の新時代の中国の特色ある社会主義思想学生読本）」という。写真を多用し「習爺爺《シーイエイエ》（習おじいちゃん）」という表現で習主席の教えをわかりやすく紹介している。思想というより道徳的な内容が比較的多い。

中学生向けの教科書では、もう少し難しい表現になり、「習主席を核心とする中国共産党は人民と生命を大切にする、という最高の答えを導き出した」などと書かれている。コロナの封じ込めは「党の成果」として強調され、台湾問題についても「海外勢力は台湾、南シナ海などの問題で絶えず挑発し、摩擦を生んでいる」などの記述がある。

小学校から高校までの12年間をかけて「習近平思想」を若者に刷り込むための教科書だ。新学期を前にした同8月、中国教育部の幹部も、記者会見で習近平思想の教科書の導入は「赤い遺伝子を植えつけることだ」と明言していた。

10月、ある地方都市に住む人と話す機会があった。彼の子どもは中学に進学したばかり。習近平思想の教科書は、まだ使用されていないという。

「中学には『政治』という科目があるのですが、うちの子の『政治』の教科書を見ると、2016年版を使っていて、少し古い。習主席の教科書はまだ配布されていませんね」

天津市の図書館にズラリと並ぶ『習近平談治国理政』

別の都市に住む知人も「今学期、習主席の教科書を使った授業はまだ行われていません」と話していた。

前述の中学生の子を持つ中国人は「習近平思想は外国人の目から見ると、やはり思想統制でしょうね。確かにそういう側面が大きいと思います」と認める。この人によると、ほかに『習近平談治国理政《シージンピンタンジーグオリージェン》』という本もあり、日本語版は日本のネット通販でも簡単に購入できるという。

「イデオロギーだけでなく、環境や貧困などの問題に政治がどう関わっていくべきかという内容で、大人もこれを使って勉強します」

検索すると、日本語版『習近平　国政運営を語る』（外文出版社）が見つかった。第1巻から第3巻まであり、各５００ページ以上もある。２０１４年9月に出版されて以降、英語、フランス語、アラビア語、日本語など数多くの言語に翻訳されている。

本の冒頭には「広範な幹部、大衆が『習近平の新時代の中国の特色ある社会主義思想』を学習、把握するために重要な役割を果たし、国際社会が現在の中国と中国共産党を知るために重要な文献を提供した」と書いてある。

私もこの本を中国の書店や図書館で何度となく見かけた。とくに、2018年に訪れた天津市にある巨大な「浜海新区図書館」の一角にこの本が大量に並べられていて、その数に驚いたことを覚えている。この頃から急速に政治教育に関する本が増え、大都市には政治専門の図書を扱う書店も増えた。

習近平思想の教育は、大きなプレッシャー

習近平思想の授業はまだスタートしたばかりだが、数人から「これから小学校や中学、高校の先生方は大変なプレッシャーの中で指導することになるだろう」と聞いた。

2021年12月、中国政府は学校の教師について「中国共産党に忠実でなければならな

い」などと新たに定めた「改正教師法」を規定した。子どもたちに習近平思想をどのように教えていくかは、教師にとって悩みのタネとなりそうだ。

ある学校で日本語を教えている中国人は「とにかく現場は大変。でも中国では、長年マルクスの授業をしてきた経験があるので、大きな違和感はないと思います」と語る。

「どの科目でも、教師は2つの教育目標を立てます。たとえば日本語の授業であれば、日本語という教科の目標プラス、思想の目標です。日本語の挨拶『こんにちは』を習得させるのは教科の目標です。挨拶から礼儀正しさを学ぶのは思想の目標。日本の『鶴の恩返し』という昔話を学んだら、そこから『恩を返す』ことの大切さを教えるのが思想の目標です。

算数なら1＋1＝2。これは教科の目標。一人より二人であれば友情が学べる、と教えるのが思想の目標です。

ごく簡単に説明すると、このように指導していくのです。学問から思想も学ぶという考え方ですが、道徳的な内容も多く、日本人が想像しているような悪いイメージのものではありません。

ただ、今回は習近平思想です。教師たちは習近平思想について、まず自分がしっかり学び、咀嚼して子どもに教える責務がある。今、先生たちは必死で勉強していると思います」

中国の中学、高校、大学でこれまでも「政治」の授業が週1回程度あった。中国の大学内にはマルクス主義学院という専門の学部もある。現在、各地にマルクス主義学院が増えているが、今後はそこに習近平思想も加わる。

「愛国教育」に対する見方、考え方も人それぞれ

これまで通り、愛国主義教育も継続している。日本には存在しないだけに、日本の報道では「幼い頃からの洗脳教育」という見方もあるが、当の中国人はどう思っているのか。

幅広い年齢層の中国人に聞くと、約半数の人は「洗脳」という言葉に否定的だった。

「洗脳とは思いません。中学から大学まで、10年間も政治の授業を受けたけれど、まったく何も覚えていませんから(笑)。つまらない授業の1つと思っただけで、身体に染みついているということは一度もないです。つまり、習近平思想も同じだと思います」(50代女性)

「政治やマルクス主義の授業を熱心に聞く人は周囲にはほとんどいませんでした。習近平思想も試験に出るから勉強する、という感じだと思います。上辺だけですよ」(30代男性)

「学生の頃、愛国基地と呼ばれる共産党の歴史に関わる史跡を見学しましたが、それがあとになって愛国主義教育の一環だと知りました。『愛国主義教育』は授業のカリキュラムに入っているわけではなく、社会科見学などで、折に触れて学ぶものです。日本では『反日教育』という言葉にすり替わって有名になりました。中国語に『反日教育』という言葉は存在しません。中国共産党の歴史は日本との戦争のことばかりではないのです。

将来党員になるのでなければ、史跡見学もただの旅行や遠足に過ぎない。史跡で勉強したことよりも、道中に友だちとふざけ合ったことしか覚えていません。マルクスの授業も受けてきたけれど、私は全然洗脳されなかった。洗脳されたとすれば、日本のアニメですね。中学、高校時代、私の頭の中はいつも好きなアニメでいっぱいでした（笑）」（30代女性）

このような声が多かったが、違った見方をする人もいる。

ある在日中国人は「来日して初めて、自分はどれだけ中国的な教育に洗脳されてきたのか、と気がつきました。918（9月18日）や815（8月15日）の政治的なセレモニーも、中国にいるときは普通に受け入れていました。そういう国で育ったので」と話す。

その人は高校時代にリベラルな歴史の教師と出会ったといい「その先生は教室の戸をしっ

かり閉めて『ここだけの話だけど、戦争で日本が勝っていたら、中国はもっとよくなっていたと思う』と話していました。日本に来なかったら気がつかなかったこと、知らなかった世界がたくさんありました。今、たまに中国に帰って友人と話すと、全然話が合わない。彼らはやはり洗脳されていると感じます」

別の在日中国人も「本格的に習近平思想が始まったら、子どもたちは絶対に洗脳される。これは本当に怖いことだし、かわいそうです」と話していた。

他の中国人からは「何を洗脳と定義するのかで変わってくるのでは。日本人だって日本のメディアにしっかり洗脳されていると思いますよ。洗脳されていることに気づかない、日本のメディアに全く疑問も持たない。それこそが洗脳です」といわれた。

今では、特別優秀でなくても党員になれる

中国では中国共産党の党員が右肩上がりで増え続けている。このことからも「中国のナショナリズムが高まっている」と感じる日本人は多いだろう。

2021年、中国共産党は創立100周年を迎えた。結党時はわずか50人ほどしかいな

かった党員は、2021年末現在、約9500万人にまでなっている。実に中国の人口の約15人に1人という計算だ。

とくに増えているのが高学歴な若者だとされる。なぜ若者は党員になりたがるのか。内陸部の省で働く20代の党員の男性にその理由を尋ねた。

「なぜかといわれても困りますが、小さい頃からの夢でした。優秀な親戚のお兄さんが党員だったからです。私は特別優秀な成績ではなかったのですが、クラスでの成績は上位だったので、いつか党員になれるのかもしれないと思って勉強してきました。

大学1年のときに申請して、3年生で党員になれました。最近では党員の枠をかなり広げているようで、私のような平凡な人間でも、なることができます」

中国には建国の際にできた「少年先鋒隊《シャオニエンシエンフォンドイ》」（略して少先隊《シャオシエンドイ》）という全国的な青少年組織がある。主に課外活動を通じて共産主義を学ぶものだ。少先隊は、以前はクラスの成績優秀者しかなれなかったが、現在ではクラスの全員がなることができ、子どもたちは首に赤いネッカチーフを巻く。

ある40代の男性によると「子ども時代は少先隊に入り、中学生になったら中国共産主義青年団（略して共青団）に入る。大人になったら共産党員になるというのが最も理想的なエリートコースでした。だから今でも、共産党員に憧れる人は多い」という。

この男性によると、大学時代は同級生が30人いたら、そのうちの2〜3人が党員になっていたという。

「党員になる人は真面目で勉強がよくできる人。就職先も誰でも知っている企業です。党員になることには、自分はいいイメージしか持っていません。海外から見ると怖いと映るのかもしれないけれど、中国人にとってはそうではないのです」

共産党に入るのは、実利的な理由から

中国の大学時代に党員となって以来、10年以上が経ったという在日中国人の女性は語る。

「私は祖父母と、父親、いとこも党員という家庭環境で、自分も党員になりました。中国共産党に興味があったわけではなく、党員になれば親が喜ぶので、親孝行のつもりでした。大学時代は友人を集めて学習会をしたり、老人ホームでボランティア活動をしたりしました。今は日本に住んでいるので、とくに何もやっていないのですが、中国に住むいとこは熱心に

勉強しています。

驚いたのは日本で結婚したときの夫（日本人）の反応でした。結婚したあとに党員であることを告げると、とても驚いて、『えっ、スパイ活動をやっていたの？』って……。日本人の中国共産党員に対するイメージがいかに最悪か、ショックを受けました」

中国人にとって党員になることは優秀な人材であることの証だ。だが、前述した男性が話すように、ここ数年は必ずしも成績優秀者でなくても、党員になることが認められるようになり、ハードルは下がっている。

入党が推奨され、希少価値ではなくなってきた分、出世に有利になるから、という人ばかりでもなくなったが、それでも「周囲から一目置かれる」「社会で安定的な地位を確保できる」というメリットを感じている人は多い。

「中国共産党の理念に共感した」という人ももちろんいるが、多くの場合、実利的な理由で党員になることを選ぶのだ。

「政治的スローガン、まるで1980年代のよう」

政権の求心力を高めるため、そして、支配体制を強固にするため、習政権ではコロナ前から国民の政治学習に力を入れてきた。コロナ禍以降はオンラインを利用して、国民に政治学習させることにも熱心だ。

2019年1月、アリババが開発した『学習強国《シュエシーチアングオ》』というアプリがある。3カ月後にはダウンロード数が1億回を超えて話題になった。習主席の発言や思想、政治ニュースなどが毎日配信される。基本的に党員向けで、党員はインストールを義務づけられる。

会議室などに集まるリアルな政治学習会もさかんだ。ある大学職員の話。

「具体的なことはいえませんが、私の大学でも政治学習会は月に数回開かれています。夏休み期間中は政治に関する映像が何十時間分も送られてきて、それを視聴してレポートを書くという『仕事』がありました。

ただ見るだけなら『ながら視聴』でいいのですが、それを見て試験を受けたり、レポートを書いたりしなければならないのは苦痛ですし、プレッシャーです。優秀な妻は政治に関す

杭州東駅で見かけたスローガン

るレポートを書くことが得意なので、妻に手伝ってもらってようやく仕上げました。正直いってそのレポートは嘘だらけです」

ある高校の教師はこういう。

「学校で政治学習会が開かれるのは当たり前です。党員の先生なら、学内で定期的に党員会議というのがあるのですが、教職員全体では年に数回程度です。校長や党員が講演を行い、私たちは聞いているだけ。内容は政治だけでなく国際情勢や経済事情、教育政策など多岐にわたります。興味のないテーマのときは、正直いって眠いです。でも、これも業務の一環なのだ、と思って参加するしかない。この1～2年で変わったことといえば、スピーチの冒頭で必ず習近平思想に関する内容が述べられるようになったことです」

アメリカに住む中国人は、中国在住の友人から「中国の会社ではただでさえ残業が多いのに、その上、政治学習会が増えて面倒だ」とよく聞かされると話す。彼はコロナ前の2019年に中国に帰省した際「愛国的な行事が多くなって、自由にモノがいえる雰囲気が減ったこと」を痛感したという。

具体的には聞けなかったが、街中に増えた政治スローガンの数々に目が留まった。「マンションの柵やあちこちの壁に『特色ある社会主義国の建設に身を捧げよ』というようなスローガンがあって驚きました。私が中国に住んでいた8年前にはあまり見かけなかったものです。まるで1980年代、父母が若い頃の写真の背景に写り込んでいたスローガンのよう。明らかに政治的に空気が一段階変わってきていると実感させられました」

貧しいときも、豊かになっても世界から批判される

ここまで書いてきたように、習政権の求心力を高めるような動きが増えている。その結果、SNS上で愛国的な発言が増えたり、共産党員が増えたりしていることも事実だ。

とはいえ、必ずしもすべての中国人のナショナリズムが燃え盛っているのか、といえばそ

うではないと理解できるだろう。表向きは政府に逆らわないし、むしろ積極的に政府のやり方を肯定しているように見えるが、本音では早く政治学習会を終えて、一刻も早く家に帰りたい、と思っている人も多い。ある中国人はこう話す。

「みんな政府の動きには敏感です。死活問題ですから。でも、周囲の人を見ると、ただ目の前の仕事が忙しくて、それだけで精一杯という人が多いと思います。日常の不満や文句はあっても、今のところは日々の生活がよくなっていることを実感している。

正直、この国は何があってもおかしくない。経済や人権、安全保障など、中国には問題が多いのですが、多くの人は自分には関係ない問題だと考える。自分に関係ない事柄なら、どうでもいいというのが本音です」

別の中国人はいう。

「今、中国を取り巻く世界環境はとても厳しい。でも、実際、政治と関係なく生きている人がほとんどです。日常生活で、自分たちはアメリカに勝っているなどとは思っていない。政府は国内向けに『我が国はコロナを抑え込む力がある』と宣伝しますが、国民はそういわれたからといって、団結しているわけではなく、中国人はどこまでいってもバラバラです。

でも同じ方向には向かっています。世界中から嫌われ、孤立していると感じています。貧しかったときも批判され、豊かになり、世界にこれだけ貢献しても批判される。それならもういいよ、という気持ちもあります。

政治体制が違うから中国は誤解される。でも、政治体制と国民一人ひとりは別の問題です。西側で『中国人の愛国心が高まっている』といわれますが、愛国心という言葉自体、西側の人が好んで使う言葉です。愛国心がないわけではないけれど、（西側の指摘に）反発する気持ちもあります。日本人はよく『日本人でよかった』といいますね。あれも一種の愛国心の表れではないでしょうか」

第5章

Z世代が日本語を学ぶ理由

日本の「昭和」にはまる若者たち

世界的に「Z世代」と呼ばれる若者たちの存在がクローズアップされている。Z世代とは主に1995年頃から2010年頃に生まれた人々を指す。中国では約2億6000万人とされており、人口の約20％を占めている。

現在の中国で最も人口の多い1960年代生まれ（約2億3500万人）や1980年代生まれ（約2億2800万人）という10年単位の世代に比べても人口は少ないが、今後の中国を考えるうえで、彼らの動向は目が離せない。中国のZ世代について取材していると、日本の昭和や平成といった時代に関心を持っている人が多い。

日本のSNSを見ていたとき、中国のアイドル事情に詳しい日本人の友人が、「中国アイドルの中で、日本の昭和・平成のアイドルブームが起きている」と投稿しているのを目にした。

この男性が投稿していたのは、上海の女性アイドルグループ、SNH48のメンバー、李慧《リーフェイ》が微博《ウェイボー》に載せていた写真だ。

フリルのワンピースを身に着け、頭に大きなリボン、手にはボンボン、肩から「昭和歌姫」というタスキを掛けて、日本の1980年代によく見かけたアイドルのブロマイドのように微笑んでいる。

興味を持ち、中国の検索サイトで「昭和」と入力してみると、最も多くヒットしたのは、中森明菜だった。ほかに松田聖子、河合奈保子、中島みゆき、山口百恵、美空ひばり、ちあきなおみなどの曲や顔写真、記事などが次々とヒットした。

中国では現在活躍中のアイドルたちの間だけでなく、Z世代を中心とした一般の若者の間で「昭和」ブームが巻き起こっており、ほかにも音楽（LPレコード）、ファッション（アイドル風の衣装）、写真（コスプレ撮影）、食べ物（居酒屋）などさまざまな分野に広がっている。どうしてこのような現象が起きているのか。

日中双方のサブカルチャーに詳しい30代の中国人男性に聞いてみた。

「中国の若者はアニメやドラマなどを通じて、日本の昭和の雰囲気や風情のようなものを感じ取っています。たとえば、中国でも人気のAKB48などのアイドルは、昭和風を意識したと思える曲がけっこうあります。それらを見て影響を受けていると感じます」

彼が具体例として挙げたのはＡＫＢ48の派生ユニット、渡り廊下走り隊7の『希望山脈』という曲。ユーチューブで見ると、確かに「昭和」の雰囲気が漂う衣装や曲調だ。プロモーションビデオは一部が白黒で、昭和30年代に流行した「歌声喫茶」の店内を再現したイメージで構成されている。この曲はアニメ『クレヨンしんちゃん』のオープニングテーマにもなったので、覚えている人は多いだろう。

前述の日本人男性も「日本の若者の間に広がった昭和ブームが、中国の若者にも大きな影響を与えている」と分析する。この男性の見立てでは、大きなきっかけは、２０１９年に日本の元号が「平成」から「令和」になったことだという。

改元により、平成や昭和を振り返る日本人が増え、改めて「昭和後期から平成初期までのバブル期や、高度経済成長を遂げた昭和という時代を懐かしむ傾向が出てきました。中国の若者もそうした日本のものに触れ、関心を持ったのではないでしょうか」という。

コスプレ写真にも「昭和」というジャンルが生まれる

この点について、中国人男性にも聞いてみたが、同じく、そうした日本社会の風潮や、昭和など昔の日本を彷彿とさせる音楽、アニメなどが、SNSを通して中国の若者にも伝播し、彼らに大きな影響を与えている、と見る。

「中国でも大ヒットしたアニメ『鬼滅の刃』の時代設定は昭和の前の大正時代でしたね。中国で大人気となっている日本のアニメ『ゾンビランドサガ』には昭和生まれのアイドルの話が出てきます。それらを見て、中国の若者も『昭和』という時代をとても身近に感じるようになった。『ちょっと古いけれど、輝いていた時代』に親しみを覚え、魅力的に思うのは、ごく自然な流れだと思います」

私は彼への取材で初めて『ゾンビランドサガ』というアニメの名前を知った。この作品は2018年に放送されたテレビアニメで、不慮の事故などで亡くなった少女たち7人が、ゾンビとして生き返り、プロデューサーに導かれながら、佐賀県を救うご当地アイドルグループとして活躍する、というストーリーだ。

この中で、「伝説の昭和アイドル」として登場するのが紺野純子だ。1964年生まれで、1980年代にアイドルとなって一世を風靡したが、19歳で死去し、ゾンビになったという設定である。紺野は昭和生まれであるため、ライブのことを「コンサート」、テレビの

広州にあるレコード店。日本の歌謡曲のLPもある。
（筆者の友人提供）

ことを「ブラウン管」と呼んでしまったりする。

このように、中国の若者が「昭和」という時代に対して、日本人と同じように郷愁や共感、憧れを抱けるような環境が整っていることもあり、気がつけば、中国ではアニメやアイドルにとどまらず、さまざまなところに「昭和レトロ」的なものが急激に増えている。

私が中国の友人のＳＮＳなどを通じて知る限りでは、昭和のＬＰレコードを集めたレコード店ができたり、日本映画『男はつらいよ』や『羅生門』などのチラシをわざわざ壁に貼った「昭和風」の居酒屋ができたり、昭和風アイドルのコスプレをして写真撮影ができる写真館ができていること、などだ。

これまで、若者に人気のコスプレ写真には「漢服《ハンフー》」（中国の伝統衣装を現代風にアレンジした服装）や「ロリータ」、「セーラー服」などのジャンルがあったが、その１つとして「昭和少女」や「昭和写真館」といったジャンルも生まれているのである。

ちなみに、コスプレ写真の隅には「１９８０年〇月△日」などの日付を入れられたり、その文字に日本語の旧字体を使えたりといった凝った演出もある。

１９９０年代の中国が、新鮮でカッコいい

前述の中国人によれば、中国の若者の間では日本の「昭和」だけでなく、中国の１９９０年代を真似したり懐かしんだりする『歓迎来到90年代《ホワンインライダオジウシーニエンダイ》』という動画が流行っているという。直訳すると「90年代にようこそ」という意味。今の若者の両親が青春時代や新婚時代を送ったのがまさに90年代だ。

私も動画を見てみたが、どことなく90年代を彷彿とさせる『大風吹《ダーフンチュイ》』という曲に合わせ、当時の街並みや質素な服装、大学のキャンパスの様子、生活様式などの映像が流れるもので、さまざまなバージョンがあった。

その頃の中国を知る日本人が見たら、きっと中国の50代以上の人々と同様、「懐かしい」と感じるだろうが、今の若者の目には「昭和」と同じく、「新鮮でカッコいい」と映るようだ。

彼らから見れば、「昭和」や「1990年代」は、ともに少し歴史を感じさせながらも、それほど遠い昔ではなく、経済成長していた輝かしい時代。双方が重なって見える部分があり、だからこそ両者が同時にブームになるのだろう。

こうした傾向は中国語で「復古風《フーグーフォン》」（復古調、レトロ）と呼ばれており、大流行している。日本でも何年かに一度、レトロブームが起きるが、中国でも同様の現象が起きている。

2021年7月、上海に「城市集市《チェンシージーシー》」という商業施設ができた。テーマは1990年代の上海。古いアパートや新聞スタンド、パンダの形の陶器のゴミ箱や長距離電話スタンド、ブラウン管テレビ、卓球台などが置かれ、人民服を着た店員が店番をしている。40代以上の中国人には「懐かしい」ものばかりだが、Z世代の目には「レトロでおしゃれ」と映り、大人気だ。

この取材をしていて、1999年に発行された『中国路地裏物語』（岩波新書）という本を思い出した。この本が書かれた97〜98年頃の中国は、文化大革命の時代でさえ懐かしむ余裕ができていて、「(今)、60年代は静かなブームだ。農村の粗末な食事を売り物にするレストランが流行している」という記述がある。

本書の中で、著者が取材した中国人は「今は社会の変化が激しすぎるし、金儲け一色で、心に余裕がない。だから、昔をしのぶ」と話しているが、著者は「政治が安定し、経済が成長して、昔を振り返る程度の余裕ができたという面もあるのではないか」と記している。

奇しくも2021年5月、昭和から平成となったばかりの1991年に大ヒットした日本のドラマ『東京ラブストーリー』(中国語タイトル：東京愛情故事《ドンジンアイチングーシ》)が中国でリメイクされる、と発表された。中国では95年頃に放送されて大ヒットし、このドラマがきっかけで日本留学を決意した、という現在40代くらいの中国人が少なくない。

現在でも中国の動画配信サイト「ビリビリ動画」などでオリジナル(字幕つき)は繰り返し視聴され「史上最強の神ドラマ」といわれるほどの人気だ。それが、舞台を中国に置き換えて、新たに制作されることになったという。

現代の中国人が、日本の90年代のドラマをどうリメイクするのか楽しみだが、それもまた、十数年後には「復古風」として、後世の中国人によって、取り上げられる日がくるのかもしれない。

なぜ大学入試で「日本語」選択者が急増するのか

中国の若者にとって避けて通れないのが「高考」だ。日本の「大学入学共通テスト」に当たるもので、毎年6月に実施される。2021年は過去最高の約1078万人が受験した。その高考について、ここ数年、受験科目の1つである「外国語」を、英語ではなく日本語で受験する高校生が急増していることに注目が集まっている。2021年の高考の終了直後、初めて微博のホットワードランキングの上位に「高考日語」（高考の日本語）という言葉がランクインした。

中国教育部（日本の文部科学省に相当）のサイトには、高考の「外国語」では、英語のほかに日本語、ロシア語、フランス語、ドイツ語、スペイン語を選択できると明記されているが、以前は、英語以外でも受験できるということが、ほとんど知られていなかった。

しかし、5年ほど前に、中国のとある日本語学校が「日本語なら、あなたも高得点が見込める」と宣伝したことなどをきっかけとして、じわじわと噂が広がり、日本語を選択する受験生が増加した。

中国メディアの報道によると、日本語選択者は2016年には全国で1万人にも満たなかったが、2017年には約1万6000人、2019年には約4万8000人と増加し、2020年には約10万人、2021年はその2倍の約20万人を突破した。

もちろん、全体からみればまだ少数だが、他の外国語での受験者数は増えておらず、日本語だけが突出して注目を集めているのだ。

高考の外国語科目で日本語を選択する高校生が急増している理由はいくつかある。

まずは、前述した通り、日本語を選択するほうが、英語よりも比較的簡単に高得点が取れるからだ。日本語には漢字が多く、中国人にとって最もとっつきやすい。さらに高考の日本語受験に必要な語彙数は約2000と英語に比べて少なく、試験の難易度も低い。

高考の日本語試験はヒアリング、語彙・文法、読解、作文（300～500文字）の4つの分野からなるが、英語よりも受験者の平均点が高く、努力すれば総合点もアップする。

中国でカリスマ日本語教師として有名な笈川幸司《おいかわこうじ》氏によると「高校入学後に一から学び始

めても、1～2年間の勉強で受験に間に合うレベルにまでもっていくことが可能」だという。

一方、英語は小学1年からの義務教育だ。都市部では、習政権の「塾禁止令」が出る2021年夏までは、英語塾に通うことも常識化していた。

高考の難易度も高く、英語で高得点をとるには、幼い頃からの学習の「積み上げ」が必要だ。その上、英語では高得点者が続出するため、他の受験者と差をつけることが難しい。

だが、日本語を選択すれば、そんな「積み上げ」がなくても、短期間の学習で、英語で受験するよりも高い点数を取れる可能性がある。英語を苦手としていた受験生にとって、日本語はまさに「救世主的」な存在だ。

Z世代が日本語を学ぶのは、実利と趣味から

日本語選択者が急増した背景にあるのは、中国独特の入試制度だ。やや専門的になるが、高考は全国統一試験といいながら、各省によって試験問題は異なる。各大学の合格ラインとなる点数や合格者数も受験者の出身省ごとに振り分けられ、仕組みは非常に複雑だ。

基本的に人口が多くて地元に大学が少ない省（河南省、広東省など）は不利、人口が多く大学も多い北京市や上海市、経済発展が遅れている青海省、チベット自治区などは有利とされ、省ごとに受験難易度のリストも存在する。

そうした背景から、他の受験科目でも同様だが、もし英語で勝負するなら、幼い頃から塾で勉強してきた学生や、合格ラインが低い省に住んでいる学生のほうが有利となる。そのため、たとえ自分自身は高得点が取れたと思っても、志望校に合格できない場合があるのだ。

しかし、日本語ならば、試験問題は２０２１年の高考の時点では全国同一。どの省に住んでいようと同じ問題が出題される。しかも前述の通り、日本語は中国人にとって勉強しやすい。英語で受験する代わりに、日本語で受験したことによって、総合点が数十点もアップするという可能性もある。いわば、「一発逆転」を狙える選択肢なのだ。

その証拠に、全国的に見て受験難易度が高いとされる広東省、浙江省などの「激戦省」ではこの3年ほどの間に英語から日本語に鞍替えした受験生が急増した、と中国メディアの分析で証明されている。

その反面、受験難易度が低いのに、学習環境が充実している北京市などでは、英語での受験者が圧倒的に多く、わざわざ日本語に鞍替えしようとする人は少ない。

高考で日本語が選択される2つ目の理由は、やはり日本語のアニメやドラマ、音楽、ゲームなどの影響が非常に大きいということだ。

Z世代の若者は生まれたときから日本語のサブカルチャーが身の回りにあり、日本語も身近な存在だ。スマホやパソコンで日本のアニメを中国語の吹き替えや字幕などでも見ているが、日本語を耳にする機会も多く、「原曲で歌ってみたい」「ちょっとでも喋れたらカッコいい」などの軽い理由で日本語を勉強しはじめる若者も多い。

2014年頃からの海外旅行ブームの中で、家族とともに日本旅行に行った経験を持つ若者が増えていることも影響しているだろう。

日本に親しみを持ち、日本語も勉強してみたいといった興味が日本語学習につながっている。ほかにも「日本への留学や日本での就職につながるかもしれないから」「親戚や友だちが日本に数多く住んでいて、将来、自分も日本語を使う機会があるかもしれないから」などの理由で、日本語を選択する人が増えているようだ。

語学の習得は、日本理解につながる

それにしても、高校に入学後、高考で日本語を選択したいと思い立って、そこから日本語を勉強することが可能なのか？ といった疑問もわくだろう。多くの高校で、それは可能だ。実は今、中国では日本語が学べる（日本語という選択科目がある）高校が増えている。

2001年、中国教育部は、従来の大学進学を目的とする「応試教育（受験教育）」から、生徒の人間性を育て、全人格的な教育を行う「素質教育」へとカリキュラムを転換していく、という方針を発表した。

「素質教育」推進の一環として、スポーツが重視されているが、外国語教育の重要性も挙げられ、全国の高校に英語以外の言語（日本語、ロシア語、ドイツ語など）も選択科目として教えるよう通達が出された。

その流れの中で、この十数年、日本語に関しては、中国国内の大学の日本語学科などを卒業した中国人教師が配置されるようになった、という経緯がある。

2021年現在、中国全土の公立高校にどれくらいの日本語教師がいるか、詳細は把握することができなかったが、数年前に訪れた貴州省で取材した大学生が、現在は高校の日本語教師になっていると聞き、連絡してみた。勤務しているのは、貴州省の田舎町にある少数民族が多い高校で、全校生徒は約2000人。

その高校には日本語教師が5人いて、日本語選択の生徒は3学年で計約500人もいるという。そのうち、高考の「外国語」を日本語で受験した生徒は158人だった。

また、中国の教育関連サイトによると、広東省では、省都の広州市を中心に、周辺の仏山市や中山市で日本語を教える高校が急増。仏山市（人口約600万人）では、市内にある全高校の7～8割ですでに日本語を教えている、と書かれていた。

つまり、それくらい日本語を教える高校が増えており、中国の高校生たちは、いつでも日本語を学べる環境にある、ということがわかる。

国際交流基金が3年に1度行っている「日本語教育機関調査」（2018年度）によると、中国の日本語学習者は2018年度に100万人を突破して約104万人となった。全世界での日本語学習者は約385万人なので、約3・7人に1人が中国人という計算になる。

中国で日本語教育などに携わる関係者に話を聞くと、「今は高考で高得点が取れるという実利的な理由で日本語を選択しているとしても、実際に学べば、自然と日本や日本文化への親しみもわくし、日本への理解が深まっていくことにつながるのではないか」と話す。

もっとも、急激に日本語選択者が増えたことにより、日本語教師不足が懸念されることと、今後、試験内容が変わる可能性があるという噂も飛び交っており、この先もずっと日本語学習者が右肩上がりで増えていくかどうかはわからないという。

だが、日本人が知らない間に、隣国の高校生の間で、これほど日本語を学んでいる人が増えているという事実は日本にとって、喜ばしい面が大きい。

日本の生活は「昔ながら」の感じがする

2021年11月初旬、日本で長らく停止されていた海外の留学生に対する入国制限が緩和されたが、それから3週間後、オミクロン株の影響により再び入国は停止となった。しかし、2022年1月現在、政府は段階的に認める方針を固めた。

私は2021年初めに日本に入国できた10代後半の中国人留学生と、9月に会った。

「中学時代に『ハウルの動く城』という日本のアニメ映画を観て感動し、日本に憧れるようになりました。独学で日本語を勉強していたのですが、本格的に日本留学をしたいと思って来日しました。

来日まで時間がかかりましたが、今は毎日楽しくて仕方がないです。日本で初めて1人暮らしをしました。スーパーで食材を買い、料理を作り、日本のキャラクターがついたかわいいお皿に盛りつけて写真を撮り、SNSで中国の友だちに披露しています。日本での生活は、すべてが昭和っぽいです。日本のドラマで見ていた通り、昔ながらの生活という感じです。来日して、初めてファクスというものを見ました。

コンビニは中国よりもいろんなものを売っていて、日本のお菓子は本当においしい。中国では買い物はほとんどネットだったから、お菓子1つ買うためにコンビニまで歩いて行く生活は健康的でいいと思います。

コロナの影響で日本語学校の授業はオンラインです。学校で授業を受ける選択もできますが、私は怖いので家で勉強しています。私のレベルのクラスは全員中国人ですが、和気あいあいとやっています。

住居は中国人の不動産屋さんの紹介で見つけたワンルームです。最近、中国人の不動産屋さんが増えています。中国人の経営する不動産屋さんが保証人となってくれるので、その点でとても助かります。それに、その不動産屋さんの紹介で、中国人専門の大学受験予備校にも入りました。

今はオンライン授業を受けながら、予備校にも通っています。東京には中国人専門の大学受験予備校が何校もあり、日本留学を目指す中国人なら知らない人はいない有名校もあります。でも有名校は学生数が多すぎて、レポートも添削してもらうのに2週間かかると聞いたことがあるので、私は少人数制の予備校を選びました。先生は全員中国人です。

来日して半年以上になりますが、日本人と話したのは数カ月前に日本語学校の事務の人と話して以来、今日で2回目。アルバイトはしていません」

この留学生に限らないが、在日中国人が100万人規模にまで増え、東京や首都圏では中国人による中国ビジネスが急増している。

教育関係、不動産関係でも同様なため、この留学生のように「来日してから一貫して、ほとんどの手続きが中国人だけで行える」という現象が起きている。

コロナ禍以降、交換留学や国際交流が中止に

この留学生によると、米中関係の悪化により、親が反対したため、留学先をアメリカから日本に変えたという知り合いもいるという。

「日本の国立大学などは英語プログラムを実施していて、日本語がほとんどできなくても入学できるところが増えています。だから、英語圏に留学する予定だった人も、親が近場の日本なら多少は安心だというので、日本を選択する人もいるのです」

この留学生の出身高校（大都市の重点高校）は1クラス30人で1学年は21クラス。このうち1クラスは全員が留学を前提とした国際クラス。

「私は一般クラスだったので、30人中28人は中国の大学に進学、残る2人のうち1人はドイツ、もう1人が私です。米中対立の影響はあまり感じませんでした。いったん中国の大学に入って、卒業後の大学院はアメリカに留学したいと希望する同級生がかなり多いです。

ただ、コロナ前には当たり前だった夏休みの海外研修はなくなりました。一般クラスでも、希望者はアメリカのスタンフォード大学やイギリスのケンブリッジ大学などに2～3週

間、研修に行くことが当たり前だったのです。海外の高校との間で行われていた交換留学制度も中止になりました。

　母校の先生によると、国際交流事業もすべてストップしたそうですが、一部の保護者の間からは『国際交流なんかなくなってもいい。国内だけで十分だ』といった声が上がっているそうで、先生は悲しんでいました」

世界で最もアメリカ留学したいのが中国人

　2021年10月、中国の留学コンサルティング会社が発表したデータによると、留学する学生のうち、中心となっているのは大学院希望者だった。

　2020年、中国人留学生が最も多い国は①アメリカ（約37万2500人）、②オーストラリア（約16万6000人）、③イギリス（約12万9000人）、④カナダ（約9万8500人）、⑤日本（約9万4000人）の順だった。

　2020年12月、中国教育部が発表したデータでは、改革開放以来、中国人留学生はのべ約660万人に達し、そのうち約165万人は現在も海外、約490万人は学業を終え、約

423万人は中国に帰国している。

中国に住む50代の中国人はこういう。

「私の知り合いにも、現在子どもをアメリカに留学させている人が何人もいます。中国とアメリカの対立が激しくなれば心配する親もいますが、アメリカは日本よりもずっと早く留学生ビザの発給を再開しました。

外交面では対立していても、貿易や文化など対立していない面も多い。それに比べて日本政府の対応は遅すぎる。待っている間に、他の国に留学先を変更した学生もいました」

アメリカ在住の中国人はこう話す。

「中国からの留学生は2020年には激減したものの、2021年は戻ってきています。アメリカの私立大学は学費が相当かかりますが、多様性を認める国なので、アメリカに来たいと思っている中国人が多い印象です。博士課程まで進んだ人は、中国には戻りません。数年でもこちらで働いてキャリアをつけたいと思っている人が大半です。世界で最もアメリカに留学したいと思っているのが中国人なのです」

留学後、そのままアメリカの企業に就職したり、大学に残って教職に就いたりする中国人も多い。ph.D.（博士号）の学位があり、GAFA（グーグル、アマゾン、フェイスブック、アップル）など大手に就職すれば初年度で年収2000万円くらいになるというが、アメリカに親戚が住むある中国人は「中国人に限らないかもしれませんが、アメリカで外国人が一定以上の役職に就くのは難しい。だから、ある程度のところで中国に帰る選択をする人もいます」と話す。

その中国人によれば「理系の分野で、アメリカで功績を上げて中国に戻ったら、一時金として、少なくとも150万元（約2670万円）くらいは提示される」という。日本に住んでいた私の中国人の友人は文系だったが、2年前、中国の小さな大学に一時金1000万円で引き抜かれた。前述の中国人のもとには、日本で研究環境や待遇に不満のある日本人からも、なんとかして中国の大学に転職できないかという相談も舞い込むという。

2021年、「光触媒」の反応を発見した日本人科学者で、ノーベル賞候補とされる藤嶋昭氏とその研究チームが、上海理工大学で研究活動を行うと発表して大きな話題になった。財源不足で研究環境が悪化する日本から中国への頭脳流出とも報じられたが、ある30代の中国人研究者はいう。

「自分は研究分野が違うので詳しいことはわかりませんが、日本の優秀な研究者が中国にきてくれるのはいいことだと思います。一般論ですが、大学のランクが下がれば下がるほど、著名な先生を海外から引っ張ってくる傾向があり、今の中国では世界中からお金で研究者を集めています。

私自身は今の大学は2つ目の勤務先で、すでにテニュア（終身在職権）を取得しているのですが、若手にとって競争は非常に厳しい。6年以内に実績がないとテニュアが取れないだけでなく、給料カットになったり、事務職員に降格されたりすることもある。中国の研究者にとっては、国内の大学に在籍していても、ライバルは世界中にいるという職場環境になっています」

タンピン（寝そべり）主義に広がる共感

2021年5月中旬。中国のネット上で突然ある言葉がさかんに飛び交い始め、社会現象となった。それは「躺平《タンピン》」という中国語だ。

「寝そべる」「横たわる」などの意味だが、転じて、若者たちが「結婚しない、子どももいらない、家やクルマも買わない、消費しない、最低限しか働かない、質素な生活を送ること」を選択する低意欲、低欲望のライフスタイルを指す。

きっかけは同4月、ある中国人がコミュニティサイトに「タンピン主義は正義だ」という文章を書き込んだことだ。次のような内容だった。

「自分はもう2年も働かないで遊んで暮らしている。圧力は誰かとの比較や、先人たちの伝統的な考え方によって自分に重くのしかかってくるが、人間はそうであってはならない。自分は古代ギリシャの哲学者のように、躺平して（横たわって）、ただ何もしないで過ごす」

この文章はすぐに削除されたものの、ネットで話題となり、あっという間に拡散されて、流行語になった。その後、SNSで「今日、寝そべった?」「僕たちも一緒に寝そべろう」などという表現を見かけるようになった。

最初に「タンピン」というこの言葉を使った中国人はネット上で「タンピン大師」と呼ばれるようになり、大勢のネットユーザーや評論家、大手メディアもこの「何もしない」現象を「タンピン族」「タンピン主義」などと呼び、議論が沸騰する事態となった。

若者たちがこの言葉に敏感に反応し、共感したのは、今の超競争社会の中国で暮らすのはあまりにも過酷で、プレッシャーが大きすぎるからだ。

日本でもよく知られているように、中国では生まれた瞬間から「高考」の戦いが始まり、受験競争が激しい。有名大学を卒業したら、次は就職だ。就職後も996（朝9時から夜9時まで週6日勤務）を強いられ、次はいつ結婚するのかと親たちから急かされる。

そんな強いプレッシャーがある環境下でも、若者たちはこれまで周囲の期待に応えようと一生懸命努力してきた。だが、当然ながら、すべての人が親の望むようなエリートコースを歩めるわけではない。受験も就職も結婚も、自分の思うようにはいかない。

そんな閉塞感が漂う中で過ごしてきたからこそ、彼らは「タンピン主義」という言葉に飛びつき、「そうか、そういう仙人みたいな生き方もあるんだ」と共感を寄せたのだ。中国のＳＮＳには「タンピン主義」に対する若者たちの肯定的なコメントが大量に書き込まれている。

「がんばったって、どうせ報われない。社会の階層はすでに固定化されていて、ちょっとやそっとでは変わらないのだから。一生働いても家を買えないのなら、最初から買わないほうがいい。そうだろう？　タンピン主義に大賛成だ」

「私もタンピン先生のように、できるだけモノは買わない。病院にかからないように身体を鍛え、1日2食の質素な食事をし、競争のないところで静かに暮らす。大学を卒業するまでの22年間で、エネルギーを使い果たしてしまったから……」

「自分にはこの先の人生が見えない。結婚したら本当に幸せになれるの？　マンションを買ったら、必ず成功者になれる？　上の世代を見てきたが、決してそうは思わない」

「私たちはカマ（国家や社会）に刈り取られるニラ（野菜）になりたくないだけだ（ニラは何度刈り取っても生えてくる野菜＝取るに足りない存在という意味で、中国ではよく自虐的に使われる）」

若者たちのコメントからは、あきらめてそうするしかない、というよりも、むしろ積極的に何もしないで過ごす「タンピン主義」を選ぶという「意志」のようなものが感じられる。

不条理な競争社会、世捨て人になりたい……

このような現象に対して、中国メディアは批判的だ。日刊紙『光明日報』は「一部の若者の生活態度がとても消極的。社会にとってマイナスであり、警戒すべき現象だ」と論じた。

『南方日報』も「タンピン主義は恥ずかしいことだ。タンピン主義の一体どこが正義なのか？　若者こそいちばん奮闘すべき世代ではないか。自分の運命を受け入れることは構わないが、タンピン主義はいけない」と批判している。「奮闘」とは、近年、習近平政権が好んで使っている言葉で、人々を鼓舞するときにしばしば登場する。

中国のＳＮＳを見ると、「現在の社会の風潮に対する、若者たちの無言の抵抗や反発なのではないか」といった分析が目立つ。現在の風潮とは、超ポジティブ思考でなければ生き抜けない中国社会そのものを指しているようだ。

ここ数年、街中では、中国共産党統治の正統性をアピールするスローガンがあちこちに見られるし、共産党の聖地とされる都市に全国の高校生などを動員して「共産党はすばらしい」という「愛国主義教育」の刷り込みに躍起になっている。

対外的にも米国と対等に渡り合い、ワクチン外交を行い、「中国の夢」を実現させるべく突き進んでいるように見える。

だが、燦然と輝くはずの母国で、自分たちが小さな幸せを感じられないのはなぜか、といった複雑な思いが彼らの心の内にあり、努力しても達成できないことが多いことが、逆にすべてを投げ出すこと＝無気力感につながっているのではないか、という推測だ。

また、2020年に中国で流行語になった「内巻《ネイチュワン》」からの反動だという分析もあった。「内巻」とは、「不条理な内部競争」や「内部消耗」のことをいう。

たとえば、学校の先生が5000字の論文の提出を学生たちに要求すると、学生たちは「優」をもらうために、自発的に1万字の論文を書くといった風潮だ。中国のネット上では「内巻」で勝ち抜くには、自転車に乗る時間すら無駄にしてはいけない。ペダルを漕ぎながら勉強するのだ、といった話がよく載っている。

そんな苛烈な社会の風潮に疲れ切り、それに抵抗して「これ以上がんばりたくない」「自分は世捨て人になりたい」といった気分になっているのではないかというのだ。

躍進する中国でも、恩恵に与れる人は少ない

もっとも、タンピンのような現象が起きたことは、これが初めてではなく、近い言葉はこれまでにもあった。数年前から流行していた「仏系《フォーシー》」や「喪文化《サンウェンホワ》」がそれだ。「仏系」は第1章でも触れた通り、「気にしない」「のんびり」などの意味で、もともとは日本語の「仏男

子」に由来する。「喪文化」は2017〜2018年頃から流行った言葉で、「やる気がない」「自分を卑下する」「消極的」などの意味で使われている。

これらを実践する若者が増えたときにも、ネット上では「過酷な競争社会に対する反動であり、自分はこんな厳しい社会では勝ち抜けない、といった絶望感が現れている」といわれた。「タンピン」もその延長で生まれてきた言葉だ、という見方もある。

日本では2013年頃に「さとり世代」（欲がない世代）が、韓国でも2010年頃から「3放世代」（恋愛、結婚、出産を放棄している世代）が流行し、似たような行動を取る若者が増えたが、経済が低迷する日本や韓国に比べて、中国はコロナ禍でもGDPが伸びており、状況は異なる。

しかし躍進する中国で、その恩恵に与《あずか》り、他人より恵まれた人生を歩める人はごくわずかしかいないということも、タンピンの流行によって露わになり、タンピンへの共感が広がっている所以だろう。

中国、中国人といえば、日本では「超ポジティブ」「超アグレッシブ」「自信満々で元気いっぱい」というイメージを持っている人が多いかもしれない。

私の中国人の友人数人に「タンピンの人、実際に知っている？」と聞いてみたが「知らない。自分の周りにはそんな弱い人間は一人もいない」という答えが返ってきた。私自身も出会ったことがない。おそらく日本人など海外と接点を持つような中国人の中には、あまりいないのだろう。

だが、猛スピードで経済発展する中国社会に「ついていけない」ではなく「ついていく気はない」と思い、自ら欲望を捨て去ろうとする若者も、広大な中国にはいるのだ。

中国製はカッコいい、いちばんおしゃれ

Z世代の間で２０１８年ころから顕著になってきたのが「国潮《グオチャオ》」ブームだ。「国潮」とは中国の伝統文化を取り入れた国産品のトレンドのことで、人気の国産ブランド自体を指すこともある。

有名な国産ブランドは、化粧品の『完美日記《ワンメイリージー》』（Perfect Diary）、『花西子（Florasis）』、『薇諾娜』（WINONA）、お菓子の『三只松鼠《サンジーソンシュー》』、スポーツ用品の『李寧《リーニン》』、アパレルの『森馬（Semir）』などがある。

若者の間で流行している漢服も「国潮」の1つだが、それら以外でも、外国製品と中国製品があったら、若者は中国製品を選ぶ。

かつて、日本人だけでなく、中国人も「中国製はダサい」「品質が悪い」「すぐ壊れる」といったイメージを抱いていた。多くの中国人にとって日本製や海外製品＝高品質で安心安全、中国製品＝粗悪品というイメージがあったのだが、今の若者たちの間には、そのようなイメージはまったくない。

むしろ真逆で、彼らは「中国製は（日本製より）カッコいい」「（中国製のほうが）デザインがいい」「中国製品が世界でいちばんおしゃれ」というイメージを持っている。

アリババ系の阿里研究院が2020年に発表した「中国消費ブランド発展報告」によると、過去1年間に中国人消費者がネット通販で購入した商品の8割以上が国産ブランドだった。

北京在住の女性はいう。

「これまでネットで日本の化粧品やアメリカの化粧品も試したけれど、中国製の使い心地がいちばんいい。ＳＮＳでも簡単にチャットで美容部員に相談できるし、友だちも使っています。自分はやはり国産品のほうが安心できます」

30代の中国人はこの現象についてこう語る。

「今の中国の若者は商品に対する目がとても厳しい。幼い頃から海外旅行に行っているから目が肥えているのです。肌ざわり、品質、デザイン、とにかくいい商品でないと見向きもしません。安心安全など商品に対する要求は、もはや日本人以上ではないかと思います。

価格に対しては日本人のように安値にはこだわりません。いいものは高くて当然だと思っています。その代わり、品質などに問題があったらSNSでも文句を書き、それが拡散されるので生産者は怖いと思っています」

日本製は選択肢の1つでしかない

この話を聞いて、別の在日中国人インフルエンサーの話を思い出した。ある日本人の若いファッションデザイナーから「中国に自分の商品を売り込みたい」と相談されたことがあるという。

「そのデザイナーは、服は少数だが、こだわりがあって個性的なもの。制作に時間がかかるが、中国で売りたいといったので、私は率直にこう答えました。

今のZ世代は子どもの頃から欧米に留学して、現地でファッションセンスを磨いて、英語もペラペラで、欧米に人的ネットワークもある。中には、中国に戻って自分のブランドを簡単に立ち上げたり、プロデュースしたりする人も多いのです。

富裕層の親が立ち上げの費用を用意してくれるので、あっという間にブランドを広めることができます。競争が激しいので生き残れるかどうかは別ですけど、そういう人がたくさんいる。『富二代《フーアーダイ》』（お金持ちの二代目）など富裕層だけが入ることができるコミュニティやサークルもたくさんあります。

そんなところに、いくら才能とセンスがある日本人であっても、若いデザイナーがひとりで乗り込んでいって成功できるでしょうか。悪いけれど、とても難しいと思います」

かつての中国人にとって、日本製品は「憧れの的」「日本製品を持っていたら自慢できる」といった存在だったし、日本人デザイナーのブランドというだけで価値があった。だが、Z世代の若者は日本製品に対して、そうしたイメージは悲しいくらい持っていない。

彼らが生まれた１９９０年代後半以降、その成長過程は日本製品の存在感が失われていった時期とぴったり重なる。

たとえ彼らが、かつての日本製品のいいイメージを父母や友人から聞いて知っていたとしても、それが彼らの購買動機にはつながっていない、ということでもある。彼らはニュートラルな立場で商品を見て、数ある国産、外国産のブランド品をフラットに吟味した結果、自らの意思で中国産を選んでいる。

以前、中国人にとって日本製品は特別な存在で、「日本製品はいいに決まっている」というような見方があったが、今では日本製品も彼らの選択肢の1つでしかない。

そうした若者たちの傾向をキャッチし、商品化に成功しているのが、前述したような中国の新興ブランドの経営者たちだ。多くが20～30代で、Z世代に近く、90年代以降の中国で育っている。前述の通り、彼らは欧米への留学や旅行経験もあり、世界のトレンドを常にウォッチしているだけでなく、中国の若者の心をつかむマーケティング方法なども熟知している。

また、品質では、かつて「世界の工場」だった中国のモノづくりの技術がモノをいっているのだろう。90年代～2000年代前半、世界中の企業が中国に進出し、あらゆる製品を製造したノウハウが中国には蓄積されている。そのことも、今の中国製品の品質向上に寄与している面がありそうだ。

これらの理由により、日本製品よりも中国製品が若者の支持を集めているのだが、これはひと昔前の中国人を知る日本人にとっては衝撃的だろう。

何しろ、以前の中国人ならば、自国の製品を選ぶどころか、中国製品に対してコンプレックスや強い不信感さえ抱いていたからだ。そうしたコンプレックスや不信感が、これほど短期間に払拭されるとは、中国をよく知る日本人には想像もできないことだ。

Z世代の若者たちの「日本製より中国製、デザインや品質も中国製のほうがずっといい」と屈託なく語る姿に、日本企業の危機を感じると同時に、隔世の感を覚えるのは、私だけではないだろう。

第6章

情報統制・中国リスクに何を思う

「海外のニュースで世界情勢は知っています」

2021年11月、中国の有名テニスプレーヤー、彭帥《ポンシュアイ》選手が共産党最高指導部のメンバーだった張高麗・前副首相に性的関係を強要されたと告発した問題が日本など海外で大きく報道された。

このニュースは欧米のテニス選手やIOC（国際オリンピック委員会）なども巻き込み、2022年2月に開催された北京冬季五輪にも影響を与えたが、この件が中国国内で報じられることはなかった。

日本では、中国ではこのニュースが報道されない、ということも報道された。米CNNを例に取り、CNNで彭選手のことが報じられた瞬間、中国のテレビ画面が遮断されて、突然カラーバーの上に「信号異常」と表示された、と紹介した。このようなことはこれまでにも数えきれないほどあった。

代表的な例は、2010年に人権活動家の劉暁波氏がノーベル平和賞を受賞したときや、毎年6月4日に天安門事件関連のニュースが流れるとき、中国の人権問題が報道されるときなどだ。画面が真っ黒にブラックアウトすることもよくある。

中国政府にとって都合の悪いことや、中国国民に見せたくない情報は政府によって報道が規制されているが、CNNやNHKなどの衛星放送が入るテレビの場合は、突然このような現象が起きる（むろん、中国の国営放送では最初から放送されない）。

日本で中国の情報統制について報じるとき、中国は自国民に都合の悪いことは何も知らせないひどい国、中国国民は気の毒といったニュアンスを感じる。だが、この件について中国人に聞いてみると、多くの場合、異論がある。中国在住で、日本語がわかる30代の中国人は次のように語る。

「確かに政府は中国国内のメディアに関しては情報統制しています。でも、私はいつも中国のネットで日本のニュースを読んでいます。中国メディアでは一切報じられていなくても、日本のメディアで報じられている日本や世界の情勢は知っていますし、日本のメディアで報道された中国のニュースも読んでいます。

欧米のニュースも見ていますので、外国語の報道にアクセスできる人は、少なくとも日本人並みか、それ以上に知っていると思います。中国国内のテレビやネットで報じられていないからといって、中国人皆が世界や国内で起きていることを何も知らないのかというと、そうではありません。

もし本当に、中国人は自国の都合の悪いことは何も知らない、と信じている日本人がいるとしたら、あまりにもお気楽というか、時代の変化に鈍感だと思います。

あるいは、中国人もある程度は知っているだろうと薄々思いつつ、毎回こういう報道をする意図は、中国の体制を揶揄し、報道の自由がある国の国民として、優越感のようなものに浸りたいからなのでしょうか。または、視聴者にそう思わせるため、テレビ局としては旧態依然の報道スタイルでいいと思ってやっているのでしょうか？」

この中国人と同じように思っている人は少なくない。だが、当然ながら、外国のメディアに直接アクセスできない、アクセスの仕方がわからない人たちがまだ大勢いることも事実だ。

ただし中国では翻訳機能を使って、少なくとも日本のヤフーニュースやコメント欄は、ほとんどすべて、勝手に中国語に自動翻訳されて中国メディアで流れており、日本語がまったくできなくても、日本で発信されたニュースを日常的に中国語で読んでいる人は相当いる。

日本メディアでも「環球時報によると」と中国メディアを引用する形で報道することはあるが、中国語のサイトの原文をそのまま日本語に翻訳して読んでいる人は多くないだろう。

当局は、どこまで会話を監視しているのか

日本でもよく知られている通り、中国は厳しい情報統制を行っている。金盾《ジンドゥン》（グレートファイアウォール）と呼ばれるネット検閲システムにより、基本的に、人々は政府にとって都合の悪い情報は閲覧できない。都合の悪い情報とは、前述したような天安門事件や香港の民主化運動、ウイグルの人権問題などだ。

中国の検索サイトでそれらが検索できないだけでなく、グーグルほか、海外の検索サイトは利用できないし、海外のSNS（フェイスブック、ツイッター、ユーチューブなど）、海外の新聞社、通信社、雑誌などのニュースサイトも基本的に見ることはできない。

中国外務省の報道官や国営メディアの編集長などがツイッターを利用して見解を述べることはあるが、それは海外向けに広く知らせるためで、国内の人々が見ることはできない。

中国のSNSのチャットもAI（人工知能）などで自動検閲されている。チャットやメー

ルに、政府に不都合なワードやりとりが出てきたら、自動的に検知し、数分後に削除されることもある。

不都合な内容は中国のＳＮＳに投稿もできない（投稿を試みても掲載されない）。以前は「投稿できません」などの表示が出ることもあったが、今では単に掲載されず、鈍感な人は、システム上の問題かと勘違いするようなやり方を取るなど、検閲はより巧妙になっている。

知人の在日中国人は、ときどき中国の敏感な問題について、日本でウィーチャットにわざと投稿しているが、「投稿しても表示されないときがある。友だちからのリアクションがまったくないので、検閲に引っかかったのだろうとわかる」と話していた。

私自身も中国人とやりとりする際、政治に関する話題を取り上げるときには細心の注意を払っている。あるとき、私が少し突っ込んで質問すると、その中国人は「中島さんとの会話も、きっと監視されていると思いますよ」と話していた。

私が「えっ、この会話もですか？」と驚くと、「党の支配……彼らの仕事ですから」とつぶやいた。

また、私が「これはちょっと敏感な質問ですが……」と前置きして、恐る恐る尋ねると、あえて「それは敏感ではないですよ」といってみたり、唐突に「みんな政治学習会では熱心に勉強しています」と、質問していないことを（まるで監視されていることが前提であるかのように）答えたりしていた。

多くの人に検閲について聞くと、「ここまではOK、ここからはNG、と明記されるわけではないので、具体的なことはわからない」「毎日何億人もの人が会話しているわけだから、私たちの会話なんて取るに足らないものです」「心配しすぎだと思います」などの答えだった。

だが、ある中国人は、検閲については何も話さなかったものの、私との会話の最後に「自分の正体については絶対にバレないように、十分に配慮してほしい。次にコンタクトするときはより慎重に、違う連絡方法を考えましょう」と繰り返していた。

その人も、別に政府批判をしたわけではなかったが、コロナ前に会話したときにはまったくなかったような怯《おび》え方だった。

結局、知りたいこと以外は不要な情報

本章の冒頭で紹介した中国人のように、海外の情報に直接アクセスできる人たちもいる。彼らはＶＰＮ（バーチャル・プライベート・ネットワーク）と呼ばれる仮想のネットワーク空間や、海外のＳＩＭカードなどを使用している。

中国はここ数年、従来以上に情報統制を強化しており、検閲・監視体制にも力を入れているが、今のところ、中国在住の日本人ビジネスパーソンや、日本の情報を知りたい中国人に聞いてみると、これらを使うことに問題はないという。私も以前、中国出張時には使用していて、問題なかった。情報統制は事実であるものの、中国の他の問題もそうであるように、必ず「抜け穴」はあるようだ。

30代のある中国人に、中国の情報統制についてどう思うかと聞いてみた。

「日本ではよく『中国人は情報統制されている』と折に触れて書き立てますね。でも、同じ中国人でも、世代や階層が違えば情報源として使っているメディアがかなり違いますので、それについては一概に答えられない問題です。

私の世代でも高等教育を受けた人なら、中国国内にいても、VPNを使って、いくらでも海外の欲しい情報を入手できます。問題は、自分が本気で情報を入手したいと思うかどうか、それだけです。

私の両親の世代はテレビや国内の新聞、そのネット版が主な情報源です。そういうメディアには厳しい規制が敷かれているため、そこから得られる情報は限られています。でも、それで両親は別に不満を感じたり、悔しいと思ったりはしていません。

日本に住む日本人でも、別に知りたくない情報にアクセスできたとしても、それで喜んだりはしないでしょう。知りたいことが知れれば、それで十分。それ以外は自分にとって不要な情報なわけです。

同じ国に住んでいる同じ中国人でも、情報源がまったく違う人とは、価値観の共有はほとんど不可能です。情報についての捉え方も人それぞれではないでしょうか」

中国のメディア事情と、そこで報じられること

中国国内のメディアには、どのようなものがあるのか。

中国のメディア事情に詳しい北海道大学大学院教授の西茹《シールー》氏によると、中国のメディアは主に党・政府系の伝統メディア（人民日報、新華社、中国中央テレビなど）、その傘下にある都市報などのメディア（環球時報、新京報、南方都市報など）、若干の民間資本が参入している雑誌メディア（財新、三聯生活週刊など）などがある。

政府の方針により、これらのメディアは2014年からネットでの発信に主軸を置いており、スマホでも読めるようになっている。

また近年、多くの政府部門（医療、教育、警察など）や地方政府、中国共産主義青年団などの組織も伝統メディアを介さず、直接人々に情報を届けるSNSの公式アカウントも持ち、そこから情報発信している。

そのほか、近年急速に影響力を持ち、3000万以上もあるとされる自媒体《ズーメイティ》（自分メディア。個人やグループが発信するSNS＝微博や微信などのこと）がある。

西氏によると、中国国内の人々は、国内メディアに関しては、どれか1つではなく、人民日報などの伝統メディアと都市報、伝統メディアと個人メディアなどを複数組み合わせて、自分なりの情報源にしているという。

ほとんどのメディアは無料で読めるが、日本語版もあることで知られる『財新』などは中国では有料だ。党・政府系の伝統メディアと異なる切り口で、良質な記事が多いので、それを読みたいと思っている中間層の読者が多く、購読者数は70万人以上に上るという。『財新』はコロナで武漢がロックダウンされた際、期間限定で無料配信に踏み切った。紙版も売り切れるほどの人気で、何度も増刷したという。

「封鎖された武漢で一体何が起きているのか、真実を知りたいという国民の関心がそれだけ高かったのだと思います。

たとえば、日本のメディアでも大きく報道された武漢の李文亮医師は、コロナの感染が拡大する前の段階で、SNS上の同窓生のグループに流行への注意喚起を発信しましたが、デマを流したとして警察の処分を受けました。そして、自らも感染して無念の死を遂げました。

李医師を世間に知らしめたのは、湖北省や武漢市の地元メディアでもないし、中央の大手メディアでもなく、都市報が発端だったのです」

当時、『財新』や『北京青年報』などの調査報道を重視するメディアの記者も、防護服を着て感染現場を歩き、ときには日本では許可されない病院内でも取材を行って治療の真相を明らかにし、関係部門の初期対応のまずさを次々と暴露した。そこで、病床の李文亮医師にたどり着いた。

『財新』は李医師を実名で報道し、「吹哨人《チュイシャオレン》（警鐘を鳴らす人）」と名づけ、中国だけでなく、世界中にいる中国人の関心を呼んだ。

武漢といえば武漢出身の作家、方方《ファンファン》氏がロックダウン中に執筆した『武漢日記』が有名だ。欧米を始め日本でも翻訳（『武漢日記　封鎖下60日の魂の記録』（河出書房新社）が出版されたが、中国では出版できなかった。

武漢にも地元メディアはある。日本人のイメージでは、地元のニュースには地元メディアがいちばん強いと考えるが、中国では必ずしもそうではない。

「中国では地方メディアが地方のニュースをカバーできず、代わりに他の地域のメディアが報道することがよくあります。地方メディアは地元政府の管理下に置かれていて、なかなか真実を書けないからです」（西氏）

「武漢の美談」に納得できない思い

「武漢のことでもわかるように、今の国民は政府の情報隠ぺいに対して、非常に敏感です」と語るのはある中国人男性だ。

「2021年7月、河南省鄭州市で記録的な豪雨がありました。この洪水で3000万人を超える被災者が出たのですが、当局は当初、死者数を少なく公表。しばらく経ってから、実際はその3倍以上もいたことをやっと認めました。

地下鉄の駅には市民が犠牲者に手向けた花束がたくさん置かれていたのですが、当局はそれを高い壁で囲み、見えなくしたのです。大量の花束から、どれだけたくさんの人が犠牲になったのかが想像できる。批判の矛先が自分たちに向かうのを恐れて、わざと隠したのではないかといわれました。

中国メディアは献身的に被害者の救出に当たった医療従事者や救助隊を英雄に仕立て上げ美談として報道したのですが、それを見ても、納得できなかった人は多いと思います」

美談といえば、前述の武漢の李医師について、ある在日中国人の女性も憤っていた。

「武漢でのロックダウンが終わって数カ月後、中国ではさまざまなドキュメンタリーや特集番組が制作されました。どの番組でも、コロナと戦った医療従事者たちが、まるで英雄のように扱われ、登場したのですが、どこを探しても、李文亮医師の姿や彼の同僚たちに関する言及がなかったのはあまりにもひどいと思いました。こういうことをするから、中国はいつまで経っても世界から尊敬されないのだ、と私は思っています」

私もいくつかのドキュメンタリー作品に加え、2021年11月に開催された東京国際映画祭の提携企画「2021東京・中国映画週間」で上映された中国映画『中国医生』(中国の医師)を見た。

武漢市金銀潭病院など実在の病院を舞台にしており、実際に起きたエピソードを中心に描いたドキュメンタリー風の作品で、見応えがあった。コロナの患者が病院に殺到し始めた初期の混乱も詳細に描かれていて、息もつかせぬ展開に感心したが、李医師のような人物がいたことには触れられていなかった。

「2008年に起きた四川大地震のときもそうです。災害が起きたとき、その責任はどこにあるのかは追及せず、あいまいなままです。復興してくると、政府の責任問題よりも感動秘話とか英雄に対する賞賛のほうに話題がシフトしてしまうことに憤りを感じます。

日本のメディアにもそういう側面はありますが、日本ではまだ、ごく少数ですが、起きた問題を忘れてはいけないと発信し続けるメディアが存在します。でも、中国ではそうしようとしても、すぐに大きな勢力によって潰されてしまう。それが残念です」（前述の在日中国人女性）

情報統制の「すき間」と西側メディアの偏見

一方で、本章の冒頭の中国人のように、自らの意思で海外の情報を入手したり、海外に住む中国人からSNSを介して自動的に伝わってきたりする中国関連の情報は、10年前には想像もできないくらい爆発的に増えた。ある中国人は語る。

「中国政府は『人民日報』などの主流メディアを中心にして、世論の動向を誘導することを狙っていますが、今は『すき間』があちこちにあって、完全に情報統制することは難しくなっていると思います。すき間ができた理由は、中国の国際化、そして国境を飛び越えるネットの存在です。

中国に住んでいても、自分のスマホには、世界中で発信された情報が、日々洪水のごとく飛び込んでくるのです。中国人留学生だけでも世界に70万人近くも散らばっていて、その家族や友人もいます。仕事で海外に住んでいる中国人も多く、もはや海外から中国国内に情報が入ってくることを食い止めることは不可能なのです」

確かに、海外に住む中国人が発信する情報量は膨大だ。

中国国内でいくら情報を統制しても、さまざまな形で中国国内には情報がもたらされる。

「つまり、中国国内に住む中国人が得ている情報の中には、海外発のものが相当たくさんあるということです。米中摩擦とコロナ禍を経て、情報量はますます増えた上に、それによって情報が複雑化している面もあると感じています」

別の中国人によると、中国人は海外（西側）のメディアであっても、以前は一目置いていたという。

「『ニューヨーク・タイムズ』とか『ウォールストリート・ジャーナル』とか、中国とは異なる視点で、質の高いメディアだと思って信頼していた人もいたのです。でも、コロナによって外国メディアに対する信頼度は低下し、中国人の海外メディアに対する見方は変わっていきました」

アメリカ在住の中国人も同様の話をする。

「『FOXニュース』は一貫して反中路線です。『ニューヨーク・タイムズ』も中国の人権問題をさかんに批判しています。トランプ政権のときはとくに激しかったです。アメリカのメディアも政府の影響をかなり受けているのでしょうか。中国のメディアを批判できないと思いますね。アメリカでも客観的な報道は減ったと思います」

前述の中国人はこんなエピソードを聞かせてくれた。

「知り合いの妹はオーストラリアに住んでいるのですが、その人は毎日、中国に住む親のことを心配して連絡を入れていたそうです。

その中にはオーストラリアのメディアで得たコロナの情報もあり、『中国は食料不足になるからおコメを買っておいて』など、親に伝えてあげたそうなのですが、そこには中国に対する偏見や間違いも含まれていて、それを口にしたために親子ケンカになりました。

娘は中国国内の報道に不信感を持ち、最初から色メガネで見ていた。中国の報道は間違いだらけで、海外（西側）の報道は正しいはずだと思い込んでいるのですが、必ずしもそうとは限らない。海外メディアは中国についてバイアスをかけて報道していますが、そこに住んでいる中国人も、中国メディアについて不信感を持っていて、中国国内で何が起きて、何が正しいのかを判断できないという側面があるのです」

歪んだ論争と交わらない意見

「中国人が得られる情報量は爆発的に増えましたが、情報の質という点では問題があるといわざるを得ません」（西氏）

とくに自媒体の場合、確かな情報は少なく、人目を引こうとする話題ばかりが先行する傾向がある。ささいな問題を大げさに評論したり、真実なのかわからない情報が独り歩きして炎上し、歪んだ世論が形成されてしまう、といった問題があちこちで発生しているという。

西氏が雑誌『メディア展望』（２０２１年９月号）で詳しく紹介しているが、２０２１年8月、南京でのデルタ株の感染拡大に関連して、高強・元衛生相と、著名な伝染病専門家の張文宏氏の記事を巡り、それぞれを擁護する対立がＳＮＳ上で白熱したことがあった。

「この二人の元記事をきちんと読めば、双方の主張は決して矛盾していないとわかります。

それなのに、ネット上ではなぜか高氏支持派と張氏支持派という二大陣営が形成されて、当事者を離れて大論争が巻き起こるという、まさかの事態に発展しました。両氏の記事を歪曲し、ひたすら舌戦が繰り広げられたのです。

誰が最初にこのような対立を仕掛けたのか。誰でも発信できる自媒体の時代、最初にいい出した人を捜すのはとても難しいことです。論争がいったん煽り立てられると、大勢の人がそこに押しかけて参戦し、まるで『論争』があることを前提として、高氏擁護か、張氏擁護かの立場に立って相手を攻撃します。

2人の元記事をきちんと検証して、冷静に発信する人は稀で、話はどんどん違う方向へと展開していき、大激論になります。SNS上の歪んだ論争は、市民にとっても政府当局にとってもプラスではありません。

理性的な世論の形成が必要なのですが、中国では健全で質のいいメディアが育つ前に、誰でも気軽に投稿できる自媒体が発展し、このような現象が起きてしまっている。これはとても残念なことです」（西氏）

「情報統制はやむを得ない」という意見が生まれる背景

西氏の話を聞いて、中国ほどではないが、日本でもSNSでは似たような問題が起きていると感じた。日本でも、誰かの投稿にハッシュタグをつけて、賛成派と反対派が批判合戦を繰り広げることはよくある。

閉鎖的な空間で同じ意見だけが集まる「エコーチェンバー」（Echo chamber）という現象が起きるため、ネット上では、いつも自分と同じ考えの人ばかりいるような気持ちになり、自分の考えがより強固なものになってしまう。

SNSで見かけるのは極端な意見ばかりになり、中庸な意見や冷静な声は無視され、まるで中立的な意見は世の中に存在しないのかと思うような錯覚を覚えることもある。

西氏の話から、前述した大連の『盛唐・小京都』プロジェクトがSNS上での猛批判を浴びて、営業休止に追い込まれた際、大連在住の中国人がこんなことを話していたのを思い出した。

「政府は何とかしてメディアを掌握、強力にコントロールしようとしています。それ自体は少しでも自由な報道を求める立場の人や、西側の国々の人からは嫌われる行為かもしれません。西側でも、中国政府の情報統制はよくないと常に報道されています。

しかし私は、中国のような国では、それ（情報統制）が全面的に悪いとはいいきれない面もあるのでは、感じています。

今の中国では、ＳＮＳで発せられる声があまりにも大きすぎて、コントロールするどころか、騒いだもの勝ち、目立ったもの勝ちとなっている面があり、無責任な声が国の事業にまで影響を与えるような事態が起きている。そして、ときには海外や海外企業にまで迷惑を掛けることがある。これは本当に危険で由々しきことだと思います。

大連のプロジェクトは一部の人間が煽動して、結果的にプロジェクトは一時営業休止に追い込まれました。これがもっと大きなプロジェクトだったら、どうなるのでしょう。政府は今後ますますネットを中心とした情報統制に取り組むと思いますが、統制されたＳＮＳ上の声は一体どこに向かうのか。難しい問題だと思います」

「チャイナリスク」について中国人が考えること

大連の一件はもう1つ、「チャイナリスク」（中国リスク）がどこに潜んでいて、いつ、どのような形で表面化するかわからない、ということを私たちに突きつけた。

「がっかりしました。中国企業も日系企業も、皆が楽しみにしていたプロジェクトがなぜあのような形で突然営業中止になるのか。日本ならば考えられないことです。非常に多くの人が迷惑を被る。これだから、中国とビジネスをするときは最後まで何が起こるかわからない。

中国ってやっぱり怖い国だな、と感じます」（ある日本人）

チャイナリスクとは、一言でいえば、日本とは体制の違う中国と関わりを持つことによって生じるリスクのことだ。

主に中国に進出する日系企業にとって懸念される経済的、ビジネス的なリスクと定義されることが多いが、そこには歴史認識やイデオロギー、IT、政治・社会体制の違いなどから生じる問題なども絡み合うことがあり、どこで発火するかわからない不安要素となっている。

2021年10月、ソニーの中国法人に対し、中国当局が100万元（約1780万円）の罰金を科したと報じられた。同社が日中戦争の発端となった盧溝橋事件の日である7月7日に新製品の発表をするとの広告をネット上に掲載したことが「国家の尊厳や利益を損なった」というのが原因だった。

中国ビジネスに従事する人ならば誰もが知っているはずだが、中国では歴史的に「敏感な日」が年に数日あり（抗日戦争勝利記念日〈9月3日〉、南京事件が起きた日〈12月13日〉など）、その日に日系企業がイベントなどを行うことはリスクが高く、タブーとされている。

『「ネオ・チャイナリスク」研究』（慶應義塾大学出版会）では次のように説明している。「従来、『中国との関係において危険を伴う状況』のことは、俗に『チャイナリスク』と呼ばれていた。

その定義は『中国が国内にさまざまな問題・課題・未達成な部分を抱え、それが主に中国国内に進出してビジネスを行う外国企業にとって大きな足枷=リスクとなること』、つまり『主に外国企業の視点から、中国の内国問題を捉えたもの』を指していた」

ある在日中国人はいう。

「中国ではまだ政策の当局者が洗練されていない。未成熟な面があるのです。だから、外国と付き合うときにさまざまな問題（リスク）が起こる。

政策を実行に移す段階では常に調整が必要ですが、その過程で上から何かいわれて、突然内容を変更する、ひっくり返すことがよく起こる。そのたびに現場は大混乱するのです」

別の中国人数人にも、日本で「チャイナリスク」といわれる現状について尋ねてみたが、こうした質問をすると皆、表情は暗くなった。ある中国人はこう答える。

「中国自身がブラックボックスでよくわからない、というのがあると思います。いろいろな意思決定に対して、明白な基準がないことは、外から見て確かに不安だろうとは思います。

たとえばコロナの隔離対策でも、地方（省や市）によって全部やり方が異なります。しかも、政策はコロコロ変わる。少しはシステマティックになってきているし、ルールの明文化も進んでいます。法律も作っています。でも、基本的にはまだあまり変わらない。

ただ、中国で起きているあらゆることについて、全部まとめて『チャイナリスク』と呼ぶことについては、日本人の偏見も含まれているのではないかと思います。

2012年に起きた反日デモ。今でもあのデモの記憶が蘇り、中国と関わることはリスクだと感じる人は少なくないと思います。でも、中国の人口は世界の5分の1。GDPも世界の6分の1。世界で事件や事故が起きても、その5〜6分の1は中国で起きている。そのこともわかってほしいです」

日本人は、外国人とのつき合い自体を恐れる？

別の中国人はこのように述べる。

「チャイナリスクをことさら問題視するのは外国人全般ではなくて、日本人だけではないでしょうか。アメリカとは対立していますが、アメリカ人は中国のことをそういうふうには思っていないと思います。

日本人は外国人とのつき合いは、何でも怖い、リスクだ、と思っているところがあるのではないでしょうか。ただ、日本人がそう思うのは仕方がないし、中国自身にも問題がないわけではありません。

ビジネスの現場で何か起きても、正確な情報はなかなか上に上がってこない。産業の意思決定メカニズムも雑です。反対意見が上に上がらないで、いきなりトップダウンで物事が決まる。ギリギリまでそのままにしているからハードランディングしてしまって現場は収拾するのが大変になる。

下は上に忖度するから、問題があるとわかっていても、なかなか改善しないし、自分の仕事ではないと思っている。日本人のようにチームワークで仕事をする人が少ないので、結果的に中国ではうまくいかないことが多かったり、無駄が生じたり、非効率だと思うことはあると思います。

それから、大連のプロジェクトは民間で一時営業中止になりましたが、同時期にオープンして何も問題がなかった『ユニバーサル・スタジオ・北京』は国有企業がかかわっている。アメリカに対しては慎重だが、日本には強く出られる、という側面もあるかもしれません」

チャイナリスクで最も困っているのは中国人

思いがけない答えも返ってきた。「チャイナリスクでいちばん困っているのは中国人だ」というのだ。アメリカ在住の中国人はこういう。

「日本人が指摘する『チャイナリスク』というものは、中国人一人ひとりの身にも現実に起きています。今年（2021年）8月に行政命令で中国中の学習塾が営業できなくなりましたが、これによって仕事を失った私の中国在住の友人は一人や二人ではありません。彼らは何の落ち度もないのに、政府の決定で突然、生活の糧を失ったのです。

その行政命令が下りる前には官僚と企業トップとの間で何らかの意思疎通があったのかもしれませんが、普通の人々はそれを事前に察知することなどできません。中国人にとっても、ある日突然事件は起きる。他の業界でもそういうチャイナリスクは起きていると思います。

私が渡米した8年前、中国のそうした洗練されていないやり方は、経済成長とともに徐々に減っていき、透明性が高まったり、明文化されたりして、改善されていくだろうと期待していました。

ですが、今の中国を外から見ていると、現体制のもとで、むしろ逆の方向に向かっているのではないかと心配しています」

会議室の部屋番号は直前まで決まらない

別の中国人は、自身が抱えている、小さいけれど、本人にとっては大きないら立ちにつながる「チャイナリスク」について紹介してくれた。

その中国人は以前、日本に住んでいた経験がある。現在は中国のある学校で働いているが、その人にとっての「チャイナリスク」とは、職員の会議の部屋番号が直前にならないと決まらない、という話だ。

「学校が大きいので会議室はたくさんあるのですが、いつも会議の10分前くらいにならないと、部屋番号が知らされないのです。1時間前に事務に問い合わせても『まだわかりません』というばかり。日本人が聞いたら呆れる話です。

会議に限りませんが、中国では何でもトップダウンで、上が決めないと物事が進まない。大きな学校も大企業も、物事の進め方は小さな学習塾レベルか、あるいは中小企業レベルです。

オンライン会議もそうです。コロナでオンライン会議が増えたのですが、日曜日の朝10時に突然「今日の午後1時から職員のオンライン会議をやります」と連絡が入ったりします。それでも、会議の3時間前に連絡してくるときは、まだいいほうです。少しは会議の準備ができますから。

別の予定があるときには、仕方がないので、外でスマホをつないで会議に出ます。それでは落ち着きませんが、文句はいわれません。会議に出さえすればいいのです。こんな行き当たりばったりのやり方は非効率だし、まさに中国式です。

我慢できる範囲内ならば、仕方がないと思ってあきらめるしかない。自分の場合は事務部門に改革してほしいといいたい気持ちをぐっと抑えて、ひたすら我慢します。事務部門は私たちの人事権も握っているから何もいえないのです。

それに、日本など海外に住んだ経験のない人は、これが普通の進め方だと思っているので別にイライラしないと思います。

中国でも海外企業との接点が多い一部の大企業は徐々に洗練されたやり方に変わってきていると思いますが、全体的にはまだまだです。

コロナによって海外との交流が減ったこともあり、中国的スタンダードのままで別に問題ないのだ、といった開き直る雰囲気も感じます。中国の組織が成熟化し、国際的なスタイルになるまでには、まだ相当な時間がかかると思います」

彼はそう話すと、深いため息をついた。

エピローグ　覇権国家よりも家族の幸福

日本を蔑む人々、日本愛を語る人々

コロナの影響で世界中の人々の往来は激減した。

中国人の訪日旅行も2019年は過去最多の約959万人に上ったが、その後、彼らが日本を訪れることはできなくなった。

武漢からコロナの感染が拡大したことや、中国の人権問題などにより、日本人の中国に対する感情は大幅に悪化。コロナの収束後もインバウンドの見通しは厳しいものになるだろうと予測されている。

中国人は今、日本についてどのような気持ちを抱いているのか。

本書は中国人の中国観がメインテーマだが、彼らは久しぶりに連絡を取った私に「日本愛」についても語ってくれた。上海在住の女性は語る。

「東京の自由が丘にあるおしゃれな雑貨屋に行きたい。大阪で何度も通った馴染みのおばちゃんがいる店でお好み焼きを食べたい。金沢に行って、日本海の海の幸を食べ尽くしたい。とにかく日本に行きたくてうずうずしているのですが、しばらくの間は無理ですよね。

今年（2021年）初めに『唐人街探案3』（邦題：『唐人街探偵 東京MISSION』）という映画を観ました。もともと1年前に公開される予定だったのですが、コロナの影響で延期となり、やっと見られたのです。

東京が舞台になっている映画で、思わずその風景を食い入るように見てしまいました。あの通りを自分も歩いたな、ここの近くで買い物したな、と思い出し、また日本に行きたい思いが募りました」

同作品は探偵コンビが事件を解決していくというコメディ・サスペンスで、同作がシリーズの3作目（第1作はバンコク、第2作はニューヨーク）。

日本側の出演者は妻夫木聡、長澤まさみ、三浦友和などの俳優陣で、渋谷のスクランブル交差点（実際は栃木県足利市のセットで撮影）や、東京の代表的なスポットが数多く登場している。

２０２１年10月には、２００８年に日本で公開された映画『おくりびと』が中国全土９４００カ所の映画館で上映され、こちらも大ヒットしたというニュースがあった。ＳＮＳでは若者を中心に共感の声が集まった。

「日本人の死者の弔《とむら》い方に感動した。涙が止まらなかった」「一人ひとりの命や尊厳をちゃんと大切にする国、日本は本当にすばらしい」「日本にこんな文化があったなんて知らなかった」

ナショナリズムの高まりにより、日本を侮辱するＳＮＳの投稿が増えた一方で、日本映画にも感動の声が上がっていることは事実だ。

中国人の友人は語る。

「日本を『上から目線』で見ている人たちと、日本文化に興味を持つ人々は出身も、学歴も、生活環境も全然違います。

日本へのリスペクトの気持ちを持っている人々は、爆買いブーム以降、大幅に増えました。実際に自分の目で日本を見て変わったのです。その証拠がこのような映画の大ヒットに表れていると思います。私も日本との距離は離れてしまったと感じていますが、今は日本料理を食べたり、ネットで日本の動画を見たりして、〝日本補給〟につとめています」

米中対立の影響で日本に対しても不信感を持ったり、デジタル後進国となった日本を蔑んだりする人々がいる反面、このような人々も大勢いる。

「なんちゃって日本」では満足できない

日本好きな人々がとくに多いのが、中国で最も洗練されている上海だが、コロナ禍になって以降、上海とその近郊には、いつの間にか「日本」があふれるようになった。

2020年10月、杭州に、同12月には上海に、日本の蔦屋書店がオープンした。上海店は「上生新所」という1924年にアメリカ人建築家によって設計された洋館の中にあり、店舗面積は約2000平方メートル。

中国語の書籍がメインだが、日本語の書籍や欧米の美術書、ギャラリースペースなどもあり、一般的な書店というよりも、落ち着いた文化サロンといったおしゃれな雰囲気を醸し出している。訪れた友人は「まるで東京・代官山の蔦屋書店がリニューアル・オープンしたのでは？　というほど洗練された空間でワクワクしました」と話していた。

今や上海だけでなく、中国各地には蔦屋書店ばりのおしゃれ系書店は急増しており、同店が抜きん出ているわけではないが、日本旅行での体験を覚えている人々などを中心に人気が出ている。

同じくコロナ禍の2020年、上海には「ロフト（LOFT）」もオープンした。ほかにも「MUJI」（無印良品）、「ニトリ」、日本人経営のカフェや高級寿司店など、「日本」関係の店はとにかく多く、いずれも中間層以上の上海人の間で、それらの店を利用することは「日常生活」の一部になっている。

こうした現象は2020年以降、急増した。

自由に往来できなくなったことで、中国の中の「日本」の存在感は熟成されているのではないかとすら感じる。

経済的には、日本の影響力は小さくなっているが、文化レベルや生活の質という面では、まだ日本の存在感は落ちていない。

外部（海外）への渡航ができなくなり、内側（国内）に閉じ込められている状況下、ここ数年、海外で見聞を広めた中国人の文化への関心が成熟していったことと、コロナ以前から進められていた案件（日本など海外のデザイナーなどによるホテルや施設の建設）がいくつも完成し、そこに行ってよいものに触れることで、改めて知的好奇心をくすぐられ、「やはり、次は日本に行って、よいものを実際に見聞きしたい」という願望が強くなっている。

ある中国人はいう。

「中国人の生活の質はコロナを経て、劇的に向上しました。日本のものをそのまま受け入れたり、共感できたりするくらいの高いレベルになってきています。だから、『なんちゃって日本』では、もはや満足できないのです」

「なんちゃって日本」とは2020年、広東省仏山市や江蘇省蘇州市などに出現した「ニセ日本街」のことだ。

東京・新宿歌舞伎町を模したストリートや、怪しい日本語の看板が並ぶエリアで、若者たちが写真を撮りまくり、SNSに投稿していたことが日本でも報道されたが、すぐに著作権の問題が発生して、一部は撤去された。

「今後もこういうものがときどき出現しては、消えていくでしょう。中国にはいまだに著作権が何かもわからず、喜ぶ人がいるのも事実ですが、その一方で、成熟した日本ファンが着実に育ち、日本人が想像する以上に、日本行きを心から望んでいます。たとえ、日本で歓迎されなくても、日本を旅行したいと思っている人は多いと思います」（ある中国人）

「中国すごいぞ」アピールの悪い癖

コロナ後のこの世界がどのようになるのか、まだわからない。めまぐるしく変わる世界情勢のなかで、現状ではコロナに打ち勝ったかに見える中国はますます強大になり、米中関係、日中関係が好転する兆しはまったく見えないが、コロナで離れている間にも、中国人の日本に対する関心は高まっている。

ある中国人はこういう。

「世界でいちばん日本のことをよく観察しているのが中国人だと思います。きっと逆もそうでしょう？　他国の細かいことまでは気にならないですが、お互いの国の情報は気になって見てしまう。

この前、サッカーの試合（2021年9月8日に行われたワールドカップ予選）を見ました。中国は0対1で日本に負けましたが、SNSでは意外に冷静で、日本の強さを褒めている中国人が多かった。これからまだ中国は日本に勝つチャンスがある、と喜んでいた人もいました。

いつか、真の意味で日本を超えたいと思っています。日本が輝いていた時代がどれほどすごかったかを知っているから。そう思っている中国人は少なくないと思いますが、まだ発展途上だと思います。アメリカは中国にとって最大のライバルですが、個人の中国人からすると、心理的にも距離的にも遠すぎます」

別の中国人はこんなことを話していた。

「今の中国は豊かになって、『お金持ちアピール』をする人が増えました。お金持ちであることを隠さないどころか、見せびらかしている。それで気分を悪くしたり、中国人のことを誤解したりしている海外の人は多いと思います。でも、そういう態度をとるのは、中国がまだ本当に豊かになっていない証拠です。

人間は貧しいときはおとなしいし、小さくなっている。成り金になると強気で、途端に『上から目線』になる。もっと豊かになると、自然体で謙虚、冷静になれるのだと思いますが、中国人はまだそうなれていない。虚勢を張らなければやっていけない。

人だけでなく、国家も同じです。だから、つい気が大きくなってしまって、海外に『中国すごいぞ』とアピールをしてしまう。これは悪い癖です。でも、以前よりもずっといい暮らしができるようになって、かなりの国民は満足していると思います」

日本からは、中国政府が挑発的な外交を行い、ナショナリズムを高揚させて、国内の諸問題から国民の目をそらそうとしているように見える。だが、「党は党、国は国、中国人は中国人、自分は自分だ」という一歩引いた気持ちで自国を見ている中国人も多い。

「中国中の人が覇権主義に賛同し、中国に世界でナンバーワンの国になってほしいなんて考えているわけではありません。

多くの中国人は自分と家族の生活を守り、ただもっと豊かになることだけを望んでいます。求めているのは社会の安定と家族の幸せ、それだけなんです」

あとがき

私はちょうど10年前の2012年に『中国人エリートは日本人をこう見る』（日経プレミアシリーズ）という中国人の日本観を描いた本を出版した。

取材を開始した当時（2010年）、日中のGDPが逆転し、歴史的な転換を迎えた。その後、尖閣諸島付近では中国漁船が日本の海上保安庁の巡視船に衝突する事件が発生。中国各地で大規模な反日デモが起きるなか、中国のガラケーを握りしめ、汗を流しながら各地を取材して歩いた、懐かしい思い出がある。

日本のメディアは、デモの背景として、中国の愛国主義教育の影響を受けた80后《バーリンホー》（80年代生まれ）の若者の反日意識が強いと報道。日本への憎しみを露わにする映像が流れたが、100人以上にインタビューしてみると、「（靖国神社を参拝した）小泉純一郎元首相は強いリーダーシップがあるから好き」、「日本ほどいい国はない」など、日本の中国報道や日本人の固定観念からは想像もつかないような答えがたくさん返ってきて驚かされた。

彼らは日中の暗い歴史を学びながらも、よきにつけ、悪しきにつけ、日本に深い関心を寄せ、多くのものを学び取ろうとしていた。

あれから10年の歳月が流れ、中国を取り巻く世界環境は激変し、日中関係も変わった。世界各国から中国に厳しい視線が向けられるなか、中国人自身は自らの国についてどう考えているのだろうか。そのような疑問から取材を開始したのが本書だ。

コロナ禍の取材は遠隔で行うしかなかったが、多くの友人が長時間の取材につき合い、率直な話を聞かせてくれ、まるですぐそばにいるかのようだった。

彼らの生の声から、日本の主流の中国報道とは一線を画すものが本書に少しでもあり、読者の皆さんが何らかの示唆や気づきを得られたなら幸いである。

いつものことだが、本書には富裕層や有名企業の経営者、農民工など、日本メディアの「常連」はほとんど出てこない。私がこれまで信頼する誰かに紹介されたり、たまたま巡り合った人など、「ごく普通の中国人」が中心だ。

2012年の本の取材で知り合って以来、ずっと話を聞かせてくれている人もいる。多くの人は当時住んでいた場所を離れ、仕事や家庭環境も変わった。遠く離れていても、ときどき思い返しているが、今回、取材を通して彼らの近況を知り、旧交を温められたのは、個人的にもうれしいことだった。

本書はほとんど書き下ろしであるが、一部、現代ビジネスオンライン、プレジデント・オンラインに掲載した記事を改稿・引用した。

最後に、本書の企画立案から執筆まで、日経ＢＰ 日本経済新聞出版本部の野澤靖宏氏と雨宮百子氏には大変お世話になりました。ありがとうございました。

２０２２年２月

中島　恵

中島 恵 なかじま・けい
1967年、山梨県生まれ。北京大学、香港中文大学に留学。新聞記者を経てフリージャーナリスト。中国などの社会事情、ビジネス事情について執筆している。主な著書に『中国人エリートは日本人をこう見る』『中国人の誤解 日本人の誤解』『なぜ中国人は財布を持たないのか』『日本の「中国人」社会』『中国人は見ている。』（以上、日経プレミアシリーズ）、『中国人のお金の使い道』（PHP新書）などがある。

日経プレミアシリーズ｜470

いま中国《ちゅうごく》人《じん》は中国《ちゅうごく》をこう見《み》る

二〇二二年三月八日　一刷
二〇二二年五月六日　三刷

著者　中島 恵
発行者　國分正哉
発行　株式会社日経BP
日本経済新聞出版
発売　株式会社日経BPマーケティング
〒一〇五―八三〇八
東京都港区虎ノ門四―三―一二

装幀　ベターデイズ
組版　マーリンクレイン
印刷・製本　凸版印刷株式会社

ISBN 978-4-532-26470-3　Printed in Japan

日経プレミアシリーズ213

中国人の誤解　日本人の誤解

中島　恵

えっ「日本は中国と戦争したがっている」って？　日本を知らない中国人、中国を知らない日本人が、互いの悪印象を増幅させる。「抗日ドラマ」を見ているのは誰か？「愛国教育」の影響力とは？中国現地の多くの人々に本音の話を聞き、日中関係を覆う「不幸の構造」を解き明かす。

日経プレミアシリーズ461

ジョークで読む世界ウラ事情

名越健郎

国際テロ組織アルカイダとコウモリの共通点は何？　答＝共に暗い洞穴に潜伏し、米本土攻撃に成功した。世界一薄い本は？　米国の美術史、中国の人権史、フランスの戦勝記、英国のグルメ本。切れ味鋭いジョークでつづる国際政治ガイド。

日経プレミアシリーズ387

歴史で読む中国の不可解

岡本隆司

南シナ海に平然と人工島を作り、沖縄の領有権を主張する――。常識からかけ離れた中国の不可解な行動だが、２０００年の歴史をひもとけば無理なく説明できてしまう。反日、腐敗、権力闘争から民族問題、地下経済まで、隣国の奥底に潜む独自の論理を、歴史家の視点で解明する。

日経プレミアシリーズ436

大阪が日本を救う

石川智久

「大阪はたこ焼きだけではない！」。近年、低迷を続ける関西経済の逆襲が始まった。イノベーションが生まれる「にしなかバレー」と「うめきた」、スーパーシティ「夢洲」の可能性、インバウンドで大きく変わった「あいりん地区」……。1970年代の成功体験を追いかけ、変わる大阪の姿に迫る。

日経プレミアシリーズ419

中国　人口減少の真実

村山　宏

13億か14億か、正確な数字さえ分からない中国の人口。だが、確実なのは人口が減少することだ。家族のあり方、個人の生き方、都市生活事情から、経済問題、社会保障、対外関係まで、人々の日常を伝えるニュースを手がかりに、人口減少問題に直面する中国社会のいまを活写し、人口減少後を展望する。

日経プレミアシリーズ414

中国人が上司になる日

青樹明子

ある日突然、会社が中国資本に――そんな未来は、もしかしたら私たちのすぐそばまで来ているかもしれない。夜中2時3時までサービス残業を厭わないエリートたち、携帯の機種で相手の社会的地位を判断、クオリティよりスピード、政治を無視すると何もできない……。旧慣を残しつつ変遷する中国ビジネス習慣の最前線を、中国メディアで約10年勤務経験のある著者の目を通じて分析。

日経プレミアシリーズ365

日本人は知らない中国セレブ消費

袁　静

中国人の団体がいない所に行きたい――洗練された服装で、静かに旅する中国人訪日客が増えています。日本人と同等かそれ以上の収入がある彼ら「プチ富裕層」はどんな商品、サービスを求めているのか。寿司は白身魚よりサーモン、「お冷や」の提供はやめてほしい、旅館はもっと高くてかまわない……中国の新階層の消費のツボに迫ります。

日経プレミアシリーズ151

いま中国人は何を考えているのか

加藤嘉一

日本人が抱く中国人のイメージは、その実像と大きくかけ離れる。「なぜスタバにショートサイズがないのか」「反日デモをする本当の理由とは」……。日中をまたにかけ活躍する著者が、現地での実体験から、中国人の意外な国民性、ものの考え方を詳しく紹介する。

日経プレミアシリーズ406

中国「草食セレブ」はなぜ日本が好きか

袁　静

日本人はシニア層しかいないような高級ホテルやレストラン。そこに中国人の若者がいるのはなぜ？　実は中国では、文化大革命を知らない「80後」「90後」（20代・30代）こそがお金を持っている。シャネルやヴィトンに興味がない、健康にお金を惜しまない、文化的なものが好き、一人飲みに一人グルメ、教育のために家計の半分を使う……中国の若者の意外な消費意識について、中国人実業家が分析する。

日経プレミアシリーズ465

イギリス解体の危機
ブレグジットが開けたパンドラの箱

中島裕介

英国は将来にわたって今の国のかたちを維持できるのか。ブレグジットは「パンドラの箱」を開けてしまった。独立運動が再燃するスコットランド、国境問題がくすぶる北アイルランド――。ジョンソン政権の外交政策「グローバル・ブリテン」の裏側、現地の実相を、日経新聞欧州総局の記者が、生の声も交え探る。

日経プレミアシリーズ464

コロナ制圧 その先の盛衰

梅屋真一郎

ワクチン接種の加速により、長きにわたる混乱からの出口が見えてきた。22年春には、社会・経済の正常化が現実になる。しかし、コロナ後の日本はそれまでとは大きく異なる。低採算企業の再編は？人手不足の解消は？ 行政・社会・企業のデジタル化は？ 政府に数々の提言をしてきたキーパーソンが近未来図を描く。

日経プレミアシリーズ458

賢い子はスマホで何をしているのか

石戸奈々子

「子どもにスマホは絶対ダメ」、その価値観のままで本当にいいのだろうか？ デジタルを「学び」にうまく取り入れれば、未来の社会でAIに負けないような、思考力・創造力をはぐくむこともできる――デジタル教育の普及につとめてきた著者が、未来の教育を踏まえ、子どもとデバイスの適切な距離から、創造力を伸ばすツール、家庭でのデジタル教育の取り入れ方までを紹介する。